JN438533

백년을 걸어온 봉선화

이강희－이춘재－이정미 三代의 시집

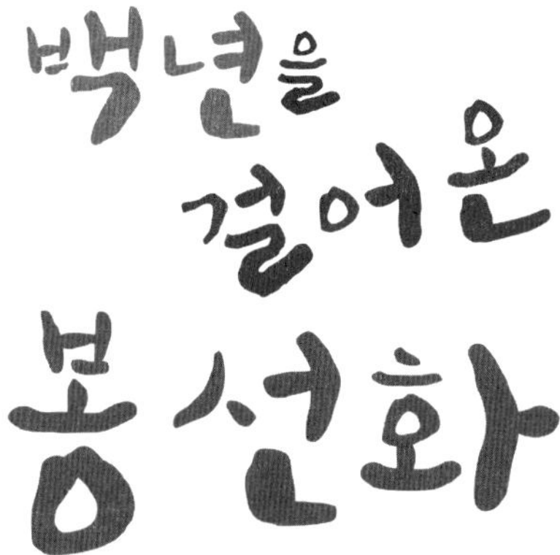

엮은이 · 이정미

서문

3세대의 시집을 구상한 것은 몇 해 전이었다. 할아버지의 한시집을 『우석(愚石) 이강희(李康熙) 한시연구(漢詩硏究)』라는 제목으로 단국대학교 교육대학원 한문교육 전공 남상백(南尙伯)님의 석사 논문집을 집 안의 책꽂이에서 발견했기 때문이었다. 아버지가 20여 년간의 고교 교장 퇴임 기념으로 할아버지의 흩어져 있던 303수의 한시들을 모아 1985년에 책으로 발간하였다. 그것을 읽게 된 남상백(南尙伯)님이 아버지 앞으로 보내 온 1987년도 석사 논문집이었다.

그 후에 또 한 계기가 있었다. 아버지가 경기중학교(5년제 : 경기고 35회)를 졸업하고 일본 도쿄 상지대 경제학과 3학년을 마친 1944년 1월 20일 일본에 의한 강제 징병이 있었다. 그런데 군 복무 중 전쟁터에서 포탄 파편을 맞고 병원에 입원했다가 구사일생으로 1945년 8월 15일 광복을 맞이하여 그해 10월에 한국으로 귀환하였다.

2005년에 일제 강점하 강제 동원 진상규명위원회(www.gangje.go.kr)에서 신청서 접수를 시작해서 막내인 내가 아버지 징용에 관한 여러 자료들을 제출하여 5년 후인 2011년 9월에 보상금을 수령하였다. 그 보상금은 아버지와 관련된 책을 발간하는 데에 쓰겠다는 결심을 굳히게 하였다.

위의 두 가지 일들이 출발점이 되어서 3세대의 시집을 발간하게 되었다.

아버지의 시들은 1995년에 『미상(迷想)』이라는 책 속에 수록된 것들이다. 아버지의 학교 신문, 잡지 그리고 징병에서 돌아온 학도병들이 징병에 끌려간 1월 20일을 기념하여 「1 · 20 동지회」라는 회보를 발간하였는데, 그 신문에 게재된 시들과 짬짬이 모아 둔 정형 단시들을 수록한 일종의 수상집이다. 나의 시는 거의 20대 후반에서 30대 초반에 씌여진 것들이다. 그때는 감정의 불꽃에 불씨를 지필 만한 뚜렷한 기억들이 자리 잡고 있었다.

『백 년을 걸어 온 봉선화』라는 제목은 아버지의 추억에서 비롯되었다. 아버지는 집 안에 마련된 친구들과의 술자리에서 술이 거나해지면 일어서서 고개를 뒤로 젖힌 채 약간 쉰 듯한 목소리로 「울 밑에선 봉선화」를 곧잘 부르셨다. 아버지의 애절한 봉선화 가락이 인생의 고갯마루를 넘고 굽이쳐 계곡의 갈피마다 메아리로 지금도 떠돌고 있다. 그 가락에 취해 있을 땐 여전히 난 예닐곱 살의 귀엽고 동그란 계집아이 그대로 머물러 있다.

아버지의 노랫가락에서도 봉선화의 선율은 처량하고 애절했고, 물론 암울하고 슬펐던 식민지 시대에 많은 사람들이 그 가락에 주체할 수 없는 서러움을 흘려보내고 위안받았다.

홍난파 선생의 바이올린 곡 「애수」에 5년 후 김형준 선생의 작사가 덧보태져 「울 밑에선 봉선화」로 우리에게 알려졌지만, 원래의 곡이 탄생한지 거의 백년이 되었고, 을사늑약에서 비롯된 식민지 생활에서 해방을 맞이하고 격동기를 거쳐 오늘에 이르게 된 우리나라의 현대사가 100년의 시간을 담고 있고, 할아버지, 아버지 그리고 본인에 이르는 3세대가 100년에 걸쳐 형성되었으며, 한 인간의 수명이 100년에 이르게 된 21세기의 지금을 살고 있기에 여러 가지로 이 제목의 의미를 부여할 수 있었다.

그중에서도 모든 상황이 바뀐 격랑의 세월 속에서 터벅터벅 걸어온 생의 마무리 시점에서 다소 고단했으나, 삶의 연속성은 후손을 통해 영원으로 이어지게 마련인 한 개인의 삶의 표상이기도 하고, 장독대 옆이나 울 밑에서 피어난 수수하면서 정다운 봉선화 또한 100년의 세월뿐 아니라 인간의 삶 속에서 역사를 지켜보는 목격자의 역할을 담담히 이어갈 것이다.

그리하여, 백 년을 걸어 온 봉선화는 인간의 삶 속에서 부침과 부대낌을 겪으며 소멸하지 않고 한 걸음 한 걸음 꾹꾹 대지를 눌러 밟고, 저 뜨거운 태양 아래서 더불어 인간의 희로애락을 함께할 것이다.

2013년 가을에

이 정 미

차례

서문

이강희 시 모음 (一代)

이춘재 시 모음 (二代)

이정미 시 모음 (三代)

이강희 (一代)

李康熙 (1896~1969, 號 愚石)

용담공립보통학교, 전주농업학교 졸업.
40여 년의 공직 생활 끝에 1956년 전북 완주군 농회장으로 59세에 퇴임.
부친 이기형(李起亨, 號 錦川)은 한학자로 유작 『금천시집(錦川詩集)』이 있다.
20세를 전후하여 형 이강식과 한시집(『精家』 : 300여 수 수록, 이강식 · 이강희 공저)을 간행했으나, 현재로선 살필 길이 없다.

우석의 생애

이강희(李康熙)의 호는 '우석(愚石)'이며, 본관은 전주(全州), 효령대군(孝寧大君)의 18대손이다. 조부의 휘는 이석의(李碩儀)이며, 1896년(丙申年) 부친 이기형(李起亨, 호는 錦川)과 자당인 안동(安東) 권씨(權氏) 사이에서 둘째로 태어났다.

본향은 전라북도 진안군 정천면 모정리인데 이곳은 그의 조부 때부터 연고지가 되었다.

우석이 5세로 접어들던 해(1901) 모친이 유명을 달리하게 되니, 조모가 대신 두 형제를 양육했다. 그의 조모는 두 형제 농아(聾啞) 이강식과 우석 이강희를 지극한 정성으로 보살폈고, 그의 조모가 별세한 뒤로는 그의 종자가 돌보아 주었는데, 일찍 형이 성혼한 후에는 형수의 후견이 컸다고 한다.

우석의 집안은 원래 중농으로 비교적 유족한 편이었으며 그의 형제들은 어릴 때부터 이 같은 환경에서 그의 엄부로부터 한학을 수학했다. 부친 이기형은 한학자로서 그의 문하엔 제자들이 많았다고 한다. 부친의 유작으로 『금천시집(錦川詩集)』이 있는데, 두분 형제가 모두 한시에 능할 수 있었던 것도 기실 부친의 세심한 지도에 힘 입은 바 큰 것이다.

우석의 나이 6세 때 부친으로부터 한학을 수학, 1912년, 당시 4년제인 용담공립보통학교에 16세란 늦은 나이로 입학했다.

1916년, 보통학교 졸업과 동시 고향을 떠나 전주농업학교(2년제)로 진학했다. 1918년 전주농업학교를 졸업하면서 天安 全氏와 결혼, 우석이 정신적 성장과 한시에 일가견을 가진 뒤 그의 형 이강식이 아우에게 '우석(愚石)'이란 아호를 지어 주었다.

20세를 전후하여 작시한 작품들을 모아 한시집(『정가(精家)』: 300여 수 수록, 이강식 · 이강희 공저)을 간행하였던 바, 이는 우석 형제의 청년기를 그린 시집으로 이를 소장하고 있던 그의 조카 이준재(李綧宰)가 미국으로 이민함으로 말미암아 현재로선 살필 길이 없다.

이강희

가을 밤 외로운 창가에서

風鳴月陰客窓秋	바람 불고 달 없는 가을밤 외로운 창에
彷佛形容起憶頭	마음 곱던 그대 모습 눈앞에 완연해라
古枕垢痕藏暗所	땀내 배인 그대 베개 애틋하게 쓸어 안고
寒箱線跡淚感流	손때 묻은 반짇고리 매만지며 하염없이 눈물 흐르고
相逢亦是他天願	저승에 있는 그대 보고파 밤마다 꿈꾸려 해도
夢見猶難每夜求	매일 밤 잠 못 이뤄 만나기 어려워라
亡則非情思則病	비정하게 잊으려 해도 생각사록 애절한데
古今此裏幾人愁	부인 잃은 옛 사람들 모두 이런 설움 안고 지고 하였던가

이강희

첫눈을 바라보며

初雪飄飄滿碧空	첫눈은 표표히 창공 가득히
一場嘉賞伴詩翁	아름다운 이 광경 늙은 시심 돋워내네
銀河玉屑芙蓉笑	은하의 옥가루는 연꽃의 웃음인 듯
蝶舞絮飛造化風	나비가 춤을 추듯 솜털이 날리우듯
萬態變皆歸一色	삼라만상 한 색으로 물들이는 하얀 눈의 멋스러움
六花時亦勝春紅	춘삼월 뽐내는 붉은 꽃에 비할까
爾吾相看宜相愛	하얀 눈 두고두고 아끼면서 보리니
願使天公遠雨工	그댄 부디 하늘의 노여움으로 비만 내리지 않게 하시게.

이강희

봄이 오는 길목에서

乾坤不老律調陽	천지는 시들지 않기에 한 해 열두 달로
大氣循環回亦腸	계절 변화 사람의 장기처럼 순환한다네
樂道安貧心有足	가난을 즐기는 안빈낙도 내 마음 여유로워
避寒從暖外無良	여름에 시원하고 겨울에 따뜻하면 그만이지
沈蘊詩意仍呼韻	마음에 가득한 시심을 운치에 맡겨보고
悠久友情好致觴	벗들과 오래 쌓아온 우정은 술잔에 깊어가네
今古盈虧何處問	지난 세월 흥망성쇠 굳이 물어 무엇하리
窓梅影裏日舒長	창에 드리운 매화 그림자에 해는 날로 길어지네

이강희

옥 같은 매화여

瓊姿都是在瑤臺	옥 같은 자태로 신선의 집에 있는 매화를
誰誘江南處處栽	누가 강남 곳곳에 옮겨 심었나
雪滿空山高士臥	백설 가득한 깊은 산에 고고한 선비의 모습
月照靜砌美人來	달빛은 섬돌 고요히 미인 온 듯하여라
寒依疎影蕭蕭竹	추위 속 대나무는 그림자마저 쓸쓸하고
春淹殊香漠漠苔	봄 시내 곁에 이끼 향이 고요히 머물러 있고
自去何郎無好詠	한번 가신 낭군은 어이 소식 없는가
東風愁寂幾回開	봄바람은 외로운 마음 얼마나 거듭했나

이강희

여섯 아들 세 딸

六男三女竝分存　여섯 아들 세 딸 모두 짝을 찾아 주었더니
嫁娶成人抗世煩　가정 이루고 험난한 세상살이 헤쳐나가네
生亦自消恒念願　살아생전 기원하고 염원하나니
死猶未作不忘魂　죽어 백골이 된들 어이 잊겠나
斷絃更續宜治育　어린 너희 위해 새 부인 맞아 양육했으나
亡室一思感詘言　죽은 너희들 모친 생각하면 설움에 목이 메인다
今告畢婚無限樂　이제사 마지막 혼사에 내 할 일 다한 듯
仰天深謝滿腔恩　하늘 우러러 감사하고, 그 은혜 가득하길

이강희

탱자나무 울타리

枳樹成籬衆眼招　뭇 시선 부르는 탱자나무 울타리
向南坐北可宜巢　남향한 보금자리 편히 쉴만 하도다
砌花嬌態邀明月　섬돌에 핀 꽃 교태로 명월을 맞고
細柳微風弄美腰　실버들 하늘하늘 예쁜 허리 희롱한다
時拾景囊煩念歇　계절의 풍경 속에 번민도 놓아보고
閑看詩軸百憂消　한가로이 시집 보며 모든 시름 잊어보네
晩來棲息安其所　노년에 겨우 찾은 행복함
衿席洋洋世路遙　옷깃을 날리며 저잣거리 거닐어 보리

이강희

무심코 읊조리면서

不便不倚兩相宜　편견 없이 조화로움이여
心合氣和思不離　마음과 행동이 일치한다네
有限人間須作舍　유한한 인간이 잠시 머물 집일망정
無涯天塹好爲籬　대자연이 자연스레 울타리 되었네
慕先父祖長時感　조상님 생각하면 감사하기에
爲後子孫一念施　이 사랑 자손 위해 베풀어야지

이강희

취중에 지당이란 벗과 회포를 풀면서

〈芝塘〉 지당이 우석에게
邂逅相逢一氣清 우석 그대 만나는 날은 날씨마저 맑은데다
論詩勸酒自今清 시를 짓고 술 권하니 나도 절로 맑아지네

〈愚石〉 우석이 지당에게
塵愁萬斛到今清 세상살이 많던 시름 그대 보니 맑아지네
一鑑方塘秋水清 가을 연못 맑은 물이 나와 그대 마음이네

〈芝塘〉 지당이 우석에게
清如水而情交重 맑은 물처럼 우리 사귄 정 많았지
重且大兮一浩天 하늘처럼 맑고 넓은 소중한 벗

〈愚石〉 우석이 지당에게
清莫清兮君我誼 맑고 맑은 그대와 깊은 정은
誼何變也共長天 맑은 가을하늘처럼 영원하리

이강희

우연히 읊조리네

安分無辱我心肥　내 처지에 욕 들을 일 없는 것이 편안함이지
饒在耕耘暖在機　농사에 배부르고 베 짜서 옷 해 입네
只喜看書明慧道　책 보는 즐거움에 지혜는 밝아지고
堪憐聲世掩柴扉　세상 일 듣고 싶지 않아 사립문 닫는다

供炘臼役忙時食　절구질 방아 찧어 밥 짓기 바쁘고
織布筬聲晩夏衣　옷감 짜는 베틀 소리 여름철이 지나겠네
自酌自吟寒士是　혼자서 마시는 가난한 선비 술잔에
莫歎尋客去來稀　오가는 손님 드물다 한탄치 마라

이강희

농부

春夏稼穡爲	밭 갈아 씨 뿌리고 땀 흘리며 김 매네
秋冬收藏之	풍년 들어 거둔 곡식 풍족하게 쌓아놓네
男耕而女織	남정네 농사일 여인네는 베를 짜서
老養又兒教	두 어버이 봉양하고 어린 자식 가르치네
寒暑能堪矣	추우면 추운 대로 더우면 더운 대로
雨風幾抗歟	저 농부 비바람을 얼마나 버텨왔던가
身修勤儉効	효도와 근검으로 생활하는 농촌에서
宇內太平歌	자연 속에 태평세월 보내는 농부로세

이강희

우석 자신이 방문객의 입장에서

松風竹雨草堂寒	비바람에 지친 솔숲 대숲 쓸쓸한 우석댁을
訪故人來日已殘	벗이 보고파 뉘엿뉘엿 황혼녘에 찾아왔더니
擧世無非新語學	세상은 온통 신학문에 열 올리는데
君家獨有古書觀	그대 집만 옛 선현 보던 고서뿐이군
勤耕自得生涯足	농사짓고 분수에 편안한 그대
靜坐何關道路難	세상 부귀공명에 관여하지 않는군
始識姜翁窮八十	강태공도 80 돼서야 비로소 깨달은
渭濱垂釣待周安	그대가 누리는 주나라 태평성세를

이강희

오래만에 병상에서 일어나

闊堂有日始清遊　　오래만에 병상 털고 정겨운 자리 찾아가
一室情朋共聚頭　　한자리에 모인 벗들 정담을 나눈다네
擧眼望墟秋色滿　　이따금 바라보는 언덕 가을빛이 완연하고
論衿促膝玉津流　　옷자락 덮인 무릎 치며 끝없는 이야기 속에
平蕪連野黃昏沒　　펼쳐진 넓은 들녘으로 황혼이 젖어들고
談笑美樽綠蛾浮　　담소하는 술잔에는 나비가 나는 듯
長使病魔詩負債　　오랜동안 병상에서 시 짓는 일 멈추었는데
許多烟景筆難收　　이 멋진 벗들과의 풍류에 붓 놓기 어렵구료

이강희

봄날

花事正明春又來	꽃은 봄이 오면 다시 피어
千紅萬紫眼前開	울긋불긋 눈앞에 펼친다
箇中淸趣無限洽	이 꽃 속에 맑은 정취 끝없이 흡족하고
到處風烟滿袖隨	걷는 곳마다 아지랑이 옷소매에 감돈다
苦海塵愁與夢裡	인생살이 수심이야 꿈이련듯 여기면서
詩魂醉興不歸徘	시심에 잠긴 흥취 뉘라서 막으리
年年歲歲今時景	해마다 꽃 피는 아름다운 풍경에
使我騷人幾擧盃	나 같은 시인들 얼마나 술잔 들게 하였던고

이강희

전주 한벽루

寒流水碧一高樓	푸른 빛 뛰고 맑게 흐르는 곳에 높은 한벽루 에서 멀리 바라보면
滿目風烟極目洲	눈에 가득한 경치는 전주천 끝자락까지 펼쳐지네
鳥下平蕪斜日晩	하늘 끝 나는 새 돌아오는 들녘 해가 저물어갈 때
恨乎清趣未能收	맑은 정취 만끽을 거두어야 하는 안타까움만
無花對酒酒香微	꽃없이 드는 잔 술맛은 적고
六五殘年氣夏暉	30여 세 기백은 여름 볕 같다.
嬌態佳人看我笑	교태로운 佳人이 나보고 웃으니
光風霽月照吾輝	光風霽月도 나를 비춰 빛나누나
每逢親友三盃醉	벗을 만나 三盃술에 취할 때마다
仍得新詩一筆揮	새로운 詩想 얻어 단숨에 내려쓴다.
復有箇中滋別趣	그 가운데 자별한 정취가 있으니
箕山潁水四隣圍	箕山潁水가 사방으로 둘렀구나

이강희

맑은 가을 하늘처럼

天無一點染雲塵　구름 한 점 없는 맑은 저 하늘에
秋色方濃眼界新　무르익는 가을은 끝없이 펼쳐져
水面清風須是足　수면을 스치는 바람 내 마음 풀어 놓고
金波熟稻未全貧　황금물결 들녘은 풍년이 넘실대네
窮何窮世猶餘我　궁핍한 세상이라지만 나는 넉넉한 마음
富益富兮問幾人　부잔들 누리는 이가 몇이나 될까?
莫道知機知分晚　세상을 안다는 것은 분수를 아는 것
笑吾詩酒百年身　이내 생애 시와 술이 웃는 벗인 것을

이강희

매화꽃

殘雪微寒也霓霄　눈도 녹지 않은 진눈깨비 속에
庭梅一笑百憂消　뜰에 핀 매화에 온갖 근심 사라진다
葉如凋落軆猶健　잎이 진 줄기는 오히려 강인하고
香不芝蘭花可嬌　난초 같은 향기를 내뿜지 않으나 추위 속에 피는 꽃
栽培觀賞惟君德　매화를 가꾸는 것은 군자의 덕
何取衆芳萬種苗　매화 놓고 어디서 어느 꽃을 가꾸리
借問蒼天歸去雁　파란 하늘 기러기에 묻노라
爾能知否玉人妖　매화가 요염치 않은 것을 알리라, 너는

이강희

미소 짓는 창

我來如昨已秋聲　　고향 찾은 것이 어제인 듯한데 벌써 가을이라
聲以感兮眠不成　　쓸쓸히 우는 가을 벌레 소리에 잠 못 이루는 밤
遍照蟾光三徑透　　달빛은 내 다니던 길 밝게 비치고
長吟蟋蟀四隣傾　　밤 새우며 우는 귀뚜라미 이웃으로 흩어지는 밤
羡人皆有千經讀　　글 읽는 선비들이 부럽기만 하구려
愧我一無寸地耕　　한 뙈기 농사지을 땅도 없는 이내 처지에
世事老當聾付笑　　세상일은 늙을수록 미소로 답할 수밖에
笑吾高臥北窓清　　고고하게 누워 미소 짓는 나의 창만 맑도다.

이강희

우연히 읊조려 보다

俗不可醫人可肥　어지러운 세상 바로잡지 않고 사람들만 살찌우는데
要心閑者善忘機　한가히 지내는 나만 세상일 잊어 볼까 한다
山無動矣山無俗　변함없는 저 산처럼 속됨 없이 살아야지
屋不墻兮屋不扉　담장 없이 사는 집에 무슨 문이 필요하단 말인가?
喔喔時鷄能報信　꼬끼오 우는 닭은 때를 잘도 알려 주고
綿綿黃鳥着金衣　꾀꼬리는 언제나 황금 옷을 입고 우네
俗離養性長春計　세속을 벗어나 온전히 기른 성품 평생 가질 것이기에
莫說人生七十稀　인생 칠십 사는 이 많지 않다 말하지 마오

이강희

달처럼

好莫好兮難遠壺　　좋든 싫든 술병은 멀리하기 어려우니
壺何情物亦親吾　　호리병, 어찌 정물이랴만 나와는 친하다
每醉獨酌天中月　　홀로 마셔 취할 때마다 하늘엔 달이 떴고
先報一秋井上梧　　가을 먼저 알리는 건 우물가의 오동이다
臨事心籌能自力　　일에 임하면 마음을 수양하는 힘도 있지만
無成虛笑夢鵬圖　　큰 꿈 이루지 못하니 실소만 한다
浩歎於我相逢世　　세상과 나 상봉하니 하염없는 탄식일세
步月淸宵與月孤　　밝은 밤 거닐어도 달처럼 고독하다.

이강희

조국

旱餘時雨物蘇生	가뭄 끝에 내린 단비 만물이 소생하니
八域江山一氣清	팔도강산 한결같이 생기가 도는구나
多士傾心爭護國	나라 구하던 선비들 목숨 바쳤기에
落花無語好傳名	말 없는 꽃다운 영혼 후세로 전하리라
過年遺臭千秋穢	독재 정권 과오는 천추에 남을 것이니
今日維新萬世明	오늘의 유신 만세에 빛나게 하려면
意合人和成事是	국민화합 성사시켜 나아가야 하나니
更祈朝野滿腔情	정부 국민 화합의 정이 가득하길 빌어보네

이강희

우음偶吟

可愛閑亭句語佳　사랑스런 한가한 정자란 어귀마저 어여쁜데
更憐黃鳥綠楊街　사랑스런 저 꾀꼬리 푸른 버들 속에 울음 울고
月盈空谷照山影　휘영청 밝은 달 고즈넉한 골짜기에 산 그림자 드리우고
烟鎖歸途藏草鞋　돌아가는 길섶엔 짙은 안개 엉켜들어 짚신이 안 보인다
事理分明疑體鏡　세상사 살아가야 할 순리는 마음 거울에 분명하건만
時潮錯亂卽胸柴　어긋지는 시대 흐름이 이내 가슴 붉게 멍들게 한다
憂愁思慮醉中夢　되뇌이는 이 번뇌 취중인 듯 꿈속인 듯
流水光陰天一涯　흐르는 물결처럼 세월 따라 함께 가야 하나 보다.

이강희

먼저 간 아내를 그리며

南天雨歇衆芳齊　남쪽 하늘 비 개어 온갖 꽃들 흐드러지니
斜嘯臨擡植杖藜　휘파람으로 지팡이 누르며 누대에 오르다
看鶴松間兼翠滴　우거진 수풀 속엔 학, 비췻빛 이슬도 함께
聞蟬林下又黃鸝　숲 속의 매미, 꾀꼬리 소리도 들린다.
詩魂忽到思亭手　시상에 문득 잠겨 정자에서 골똘히 생각노니
午眊方酣夢床妻　오수인 양 침상의 아내 꿈이로다.
竟日忘歸何所有　무엇이 있기에 종일 갈 줄 모르는가
斜陽山角暮雲悽　석양의 산마루 노을빛만 슬프다.

이강희

변함없는 마음

丈夫節操恰如松　장부의 절개는 푸른 소나무와 같아
一以貫之不二容　한결같이 먹은 마음 어찌 두 마음이랴
綠樹濃陰應萬疊　짙푸른 녹음 쌓여 있는 청산에
白雲流水幾千重　흰 구름은 물처럼 얼마나 흘러갔을까?
閑看詩軸消愁夢　한가로이 지어보는 시 공책에 수심이 녹아지고
時拾景囊作醉筇　이따금 자연 경치에 내 마음 기대본다
臨事不便私不顧　편견 없이 살려는 고단한 삶이지만
道心聳出壽山峰　도덕적 마음은 산처럼 흔들리지 않으려네

이강희

한음閒吟

物無非占大墟　　만물은 大墟에 占하지 않은 곳 없으니
人樂在一隅廬　　우리의 낙은 구석진 초가에도 있다
凉興味詩盈軸　　시원한 흥겨움에 시심은 가득하고
壤歌聲日暮鋤　　김매는 격양가에 날은 저문다.
得知人清趣界　　헤아려 깨달은 자엔 멋스러운 세상
能許執化人裾　　누가 능히 잡을쏜가 仙人의 옷자락을
來始覺生涯觀　　늑막에야 비로소 깨달은 人生觀
氣衝乎玉宇除　　호연의 기상은 하늘을 찌를 듯하다.

이강희

세월 歲月

寒波來襲伴衾氈　　한파가 닥쳐 담요에 의지하지만
耿耿孤燈獨不眠　　등불만 깜박깜박 나 홀로 잠 못 이루네
月到中宵心轉寂　　한밤에 달 이르니 마음 적막해지고
詩挑清興意超然　　詩想은 清興하나 뜻은 초연하기만
無情逝日生涯怨　　무정한 세월 속에 生은 원망스러우니
有限亨年造化權　　유한한 나이는 조물주의 권세런가
休哉消長難可測　　쉬는데도 성쇠 있어 헤아리기 어려우니
莫如敬愛達人天　　敬天愛人만 같음이 또 없으랴

이강희

시혼詩魂

吸咽聽話自從寬	담배 속 대화로도 절로 너그러워지는데
況復有朋不棄歡	하물며 벗이 버리지 않은 기쁨에랴
柳暗花明時氣好	녹음 짙고 만발한 꽃 호시절이나
體衰心弱世情寒	체쇠 심약하니 메마른 세상이로다.
妙奇韻致詩生絶	묘하고 운치 있는 詩想마저 끊어지고
錯雜塵顔酒未安	착잡한, 때묻은 낯술 대하기도 미안하다.
寓意看來千態事	닦는 일을 千態萬事에 비겨보면서
黙然幾送夕陽殘	묵연히 저무는 인생 얼마나 보낼 건가

이강희

단옷날

天中佳節勝花時	단옷날 행락객은 봄날보다 많기도 하지
遙望家山倍切思	멀리 고향 바라보면 그리움만 간절해
豊沛行吟遊玉局	전주 오래된 풍패시 모임은 도인들의 모임이요
德津宴樂夢瑤池	덕진 호수 머리 감고 그네 뛰는 이들은 선녀들 모임이네
峨洋古調鍾牙是	산처럼 높고 바다처럼 양양한 가락은 종자기 백아의 음악이요
淡泊交情管鮑知	맑고 맑은 정은 관중 포숙아의 우정이라네
竟日雅叙猶未了	서산에 해 지도록 풀지 못한 아쉬운 회포는
慇懃餘約更言之	슬며시 다음 만나자는 약속으로 풀어 놓았네

이강희

한恨

碧空無染雨初晴　티 없는 푸른 하늘 갠 날처럼 맑고
滿目風光萬種情　풍광은 눈에 가득 온갖 정이 인다.
好友相逢論世俗　好友 만나 세속의 이야길 하지만
文章虛老賦秋聲　문장은 부질없이 가을만 읊고 있다.
方塘鏡面斜陽照　거울 같은 연못엔 석양빛 기울고
野稻金波有稔成　황금빛 들판엔 풍요가 성하다
辨不能兮詩亦拙　주변머리 없으니 시 역시 졸렬한데
何如日日一筵傾　어째서 날마다 자리에 뒹구는가

家在山南是隔江　양지바른 남향집 강은 가로놓였고
手書看罷對虹窓　手書읽기 끝내고 무지개 바라본다.
往古英雄人有幾　그 옛날 영웅들은 몇이나 있었으며
至今名才孰無變　지금의 名才는 겨눌 곳 없는 건가
塵情已遠淸寒士　俗情과도 멀게 되니 淸寒한 선비일뿐
世事難伸錯亂邦　세상사 못 펼치니 어지러운 곳이로다.
自顧生平唯一恨　평생을 돌아보니 한 가닥 한만 남아
詩工不振我心降　詩才마저 못 떨치니 내 마음 낙심하다.

이강희

장유도壯遊塗

江湖浪跡試長驅	강호의 물결은 긴 몸을 더듬는데
樽酒詩朋不見胡	詩酒를 즐긴 벗들 어이 뵈지 않은가
日掛青山紅點沒	해는 청산에 걸렸다 노을로 사라지고
鳥飛碧海白羽逾	새는 벽해를 날다 흰 깃으로 멀어진다.
愼言似敵人誰侮	언행을 敵처럼 삼갔으니 뉘 업신여기며
防意如城我自孚	뜻은 城처럼 막았으니 스스로 믿고 살았네
若問懷時歸去曲	만약 마음으로 歸去來曲을 묻는다면
爲應盡記壯遊途	응당 壯遊途를 기억하라 하리라

이강희

사돈이면서 벗에게

時雨來兮君不來	비는 때 맞추어 내리건만 그대는 안 오고
喜悲雙曲莫心開	희비만 엇갈려 마음 열 수 없구나
自安强酌忘愁酒	자위코자 억지 술로 수심 잊으려 하나
酒不美哉手倦盃	술맛 없는 술잔만 권태롭구나

봄날을 거닐면서

應時感物訪花柳	봄 시절 꽃 찾아 노닐다 보니
談笑雅香北海超	담소의 향기로운 아취는 바다도 넘는다
同步律調如許足	함께 거니는 가락으로 흡족하기만 한데
勝於詩酒百年驕	술보다 멋지니 평생 가져 볼까 하네…

비 오는 가을

秋雨霏霏夜轉深　가을비 부슬부슬 밤이 이슥도록
不禁燈下孤懷心　호롱불 곁 고독을 씹는 마음 막을 길 없네
相思詩句題詩軸　두루마리 편지지에 쓰는 시구 님 그리운 내용이라서
占墨硯池淚線沈　먹물 담긴 벼루에는 눈물 떨어져 섞이네

오동잎

一葉知秋井上梧　우물가 오동잎 하나 가을을 알리는데
風淸月白却忘吾　맑은 바람 밝은 달은 나를 잊게 한다
獨吟獨酌緣何事　홀로 읊고 홀로 마시니 이 무슨 사정인가
蟋蟀聲中客枕孤　귀뚜라미 우는 밤 잠자리만 외롭다.

이강희

눈 맞고 집에 가면서

酒力遇强體力微　　술과 함께 늙어가는 세월 속에
長風寒雪滿裳衣　　거센바람 차가운 눈 바지에 가득하고
如顚如沛狂人步　　비틀비틀 엎어지려는 늙은 몸이
呼妻款扉勢不違　　마누라! 사립문 치는 기센 어김없구나

형님은 어디에

住所不知未發書　　주소를 모르니 쓴 편진들 부칠 수 있나
兄何如是忽然疎　　형님은 무엇을 하고 계시기에 소식도 없으신가요?
悠悠情緒難堪解　　보고픈 형님 이 그리움을 어떻게 견디라고
便感一場夢事虛　　우리네 인생사 허망한 일장춘몽인 것을

이강희

우국憂國

靜心修德又家齊　靜한 마음 修德으로 집안도 다스려
故遠庖廚盤上藜　푸줏간 멀리하고 盤上엔 山菜였네
碁罷茶傾須伴枕　바둑이 끝나면 차 마시며 눕기도 하고
詩成酒把好聽鸝　詩가 成하면 술잔 잡고, 꾀꼬리도 들었네
義心養體惟吾子　義心養體 길러온 자식도 생각하고
同苦同甘是乃妻　동고동락해 온 것은 이내 아내이건만
國土兩分知試鍊　국토는 두 갈래 시련에 놓였으니
有誰能識我心悽　내 마음 슬픈 사정 누가 알겠는가

이강희

축 신정부祝 新政府

倭雨驅來久未晴　倭寇가 몰려와 오래도록 개이지 않아
沒泥槿域苦蒼生　나라는 피폐하고 창생은 도탄에 빠졌었네
數千沸血同盟士　수천의 끓는 피로 지사들은 동맹하여
三一衝天獨立聲　'三一獨立' 喊聲은 하늘을 꿰뚫었네
麟閣長懸靈像肅　충훈부의 공신들 영령 길이 빛나고
角山遠帶瑞輝明　삼각산엔 서광도 두루 밝았다.
倘今北悖醒而屈　이제라도 北의 悖倫 각성해 굴한다면
祝節年年會合成　해마다 함께 모여 三一節 경축하리

이강희

축 삼귀 회갑祝 三龜 回甲

心田斗濶意高人　　마음은 斗濶하고 뜻은 至高한 사람
榮辱已超仙子身　　榮도 辱도 초월한 신선 같은 몸
衆客斜陽飛笑酌　　사양 띤 손님들관 웃음 띄워 술 마시고
一生和歸滌煩塵　　피어난 화기론 煩俗까지 씻어준다.
齊家修德隣多接　　齊家와 修德으로 이웃들을 접했으며
樂山樂水意更新　　요산과 요수로 뜻은 늘 새로웠네
局外經綸憎白髮　　'經綸 밖의 일은 백발만 어지럽게 함이라'
九霞觴裏醉醒頻　　자연경에 취하여 깨달음도 많았으리

이강희

우정 友情

〈愚石〉

每日相從友誼深　　매일을 상종하니 우의는 깊어지고
無邪有正思無陰　　거짓 없고 정직하니 마음엔 그늘 없네
以文修契吾人事　　학문으로 修契한 그대와 나
淡淡交情利斷金　　깨끗이 사귄 정 其利斷金이로세

〈南史〉

有朋一信五倫明　　벗이 한번 오륜을 밝혔으니
志氣相求肝膽傾　　意氣投合 간담도 기울였네
照水可知君子道　　물속에 비추면 君子道를 알 수 있듯
斷金肯與世人情　　斷金을 세정처럼 함께하려 하네

이강희

우음偶吟

時人莫笑一浮儒　　세인들이여, 일개 浮儒라 비웃지 마라
天運循環必有呼　　천운이 순환하니 부름 꼭 있을 게다
修契以文消世慮　　학문으로 修契하며 세상사 잊었고
無錢買席採菖蒲　　창포 캐는 직업은 돈 없이도 사는 것
覔看萬態兼千變　　千態 萬變을 자세히 살펴보니
良覺一榮又一枯　　영고성쇠가 있음을 깨달았다
正義存兮吾亦健　　정의가 존재함에 나 역시 건재하고
也應不遠上姑蘇　　불원간 응할 것은 서울길에 오를 일

이강희

次中央老松洞養老堂韻

背山抱水翼然堂	뒤엔 산, 물이 안고 흐르는 翼然堂
壽城蒼蒼正向陽	장수하는 이 많은 곳 남향받이로다
碁局須從斯道門	바둑판에 수염 드리우니 道場 같고
詩聲又續古風長	詩聲이 이어지니 고풍 의연하구나
時迎明月影三徑	철 맞은 밝은 달 선비의 집 비추고
閑與白鳩夢一塘	白鳩은 한가로이 연못에서 존다.
客子登臨消世慮	손님이 찾아오면 세상 근심 잊게 하는
主翁素志忍何忘	主翁의 素志를 차마 어찌 잊으리

이강희

臥床逐病魔歌

病何欲近物無我　병은 어째서 가까이하려나, 나는 싫어한다.
我不歡迎作害家　내 환영칠 않는데, 집안 害만 끼치는군
人命在天非病魔　인명은 재천이요 병마에 있지 않음은
邪何犯正惟公道　邪 어찌 正을 犯하랴, 公道를 생각할 뿐
臥床累日多辛苦　여러 날 병석에서 신고는 많았지만
於我莫如好試鍊　나로선 이보다 더 좋은 시련 없으리
知否高名貧困窟　高名한 이 빈곤에서 나온 걸 아는가 모르는가
速圖遷善向情田　지난일 버리고 改過遷善 생각하리

萬事亨通人所希　만사형통은 사람이 바라는 바나
亦非願者去來誹　원치 않은 것은 오고가는 비방
炊烟最好斜陽晩　밥 짓는 연긴 석양 무렵이 좋은데
雨日猶難履齒晞　비 온 날은 신발 말리기도 어렵네
世俗變遷如夢接　세속의 변천은 꿈같이 이어지니
人間生活共因依　인간생활이란 서로 의지해야 한다.
蓬麻友德於吾足　좋은 벗으로 인한 德, 나로선 족하니
文富塵貧我不祈　文의 富, 世俗貧을 나는 바라지 않네

이춘재(二代)

李春宰 (1919~2005, 號 春崗)

학력 : 경기중학교(5년제 : 경기고 35회),
일본동경 상지대학예과,
위 상지대학 경제학부

경력 : 남성중학교 교사, 원광대학교 교수,
남성고등학교장, 이리남성여자고등학교장,
위 정년퇴직(1985)

서문

광막(廣漠)한 황야(荒野)에 서 있는 한 인생(人生)이 어디로 가는지 목표(目標)도 없이 걸어간다. 주위(周圍)를 두리번거리며 걸었다. 눈앞에는 지평선(地平線)이 가로놓여 있었다. 신기루(蜃氣樓)처럼 때로는 파노라마 같은 것이 어른거리기도 했다. 앉아서 쉬기도 하고 누워서 자기도 했다. 그러나 누구 하나 길동무 되어 말벗으로 위로(慰勞)해주는 사람도 없었다. 그저 외로우면서 걷기만 했다. 무엇 때문에 걷고 있는 줄도 몰랐다. 때로는 갈증(渴症)을 느꼈다. 때로는 공복(空腹)을 느꼈다. 그러나 오아시스를 찾을 노력(努力)을 하지도 못했고 먹을 양식(糧食)도 구하지 못했다. 밤이슬을 입 벌려 받아서 목을 축이고 풀잎과 풀열매로 허기(虛飢)를 다스렸다.

누구나 제각기 인생(人生)의 역정(歷程)이 있다. 그 과정(課程)이 형형색색(形形色色)일지언정 등급(等級)을 매겨서 평가(評價)할 일은 아니다. A라는 사람은 그 사람 나름의 인생관(人生觀)이나 세계관(世界觀)이 있겠고, B라는 사람도 자기자신(自己自身)만의 독특(獨特)한 삶을 영위(營爲)해 나왔다면 아무도 그것을 시비(是非)할 자격(資格)이 없을 것이다. 그러나 올챙이는 올챙이이며 개구리는 개구리인 것을 누가 부인(否認)하랴. 올챙이의 역사는 올챙이대로의 의의(意義)가 있고 개구리는 개구리로서의 생리(生理)와 의식(意識)이 있을 것이다. 그러나 개구리는 올챙이를 기억(記憶)하지 못한다고 한다. 이것 또한 인생(人生)들의 모습에 비유(比喩)할 수 있는 격언(格言)이 되고 있다.

다시 광막(廣漠)한 황야(荒野)로 말을 돌리자. 광막(廣漠)한 것은 우주(宇宙)일 것이고 황야(荒野)는 지구(地區)일 수 있고 인생(人生)일 수도 있다. 목적(目的) 없이 걸어가는 것이 인생(人生)이고 종점(終點)이 있다면 죽음일 것이다. 즉 신(神)을 맞이하는 것뿐이다. 무엇을 지켜보고 가가대소(呵呵大笑)하며 무엇 때문에 비분강개(悲憤慷慨)하고 또 무엇을 위해서 발광방가(發狂放歌)하는지, 꿈을 깨면 우들우들 떨리는 주먹 쥐고 한동안 허공(虛空)을 바라보며 눈망울을 이리저리 굴리곤 한다.

질질 끌어가며 옮겨 놓는 다리가 일찌감치 두중경각(頭重輕脚)되었으나 호흡(呼吸)마저 고르지 못하게 되기 전에 "I think, therefore I am-Ich denke, also bin ich"(Cogito, ergo sum.)의 일단(一端)의 흩어져버린 몇 토막을 주워서 여기에 모아 본 것뿐이다.

서기 1995년 정월(正月) 저자(著者)

사은가

리 춘 재 작사
유 오 종 작곡

1951년 7월

사은가

어두운 한밤길에 횃불을 따라
발자국 돌아보니 엊그제로다.
거룩한 스승님의 말씀 그리워
배움터 이 마당에 언제나 다시
잊다니 잊을쏘냐 귀한 우리 집

메마른 누런 땅에 뿌려진 씨가
물주고 북돋으니 열매를 맺어
그리운 배움터의 모습 그리워
스승님 아우들을 언제나 다시
두 날개 넓게 펼친 귀한 우리 집.

이춘재

바람을 마시고

바람이 분다
해가 뜨고 진다
지구地球는 돌고
개미는 백 척百尺 벼랑을 기어 오른다.

천 리千里로 뻗는 동굴洞窟에서
하루를 사는 원충原蟲의 이마가
깨져 버린 사연事緣은 신화神話일 뿐.
만 년萬年이나 걸어온 너는
기지개 켜는 장미꽃 잎에
누워 있는 그림자
새하얀 시냇물이
바다를 재잘거릴 때

민들레 씨앗 한 알
흰 깃 달고 허공虛空을 날면

찌그러진 꿈을 매만지듯

어느 세월歲月 멍석 위에
찹쌀 막걸리 향기香氣가
요堯 · 순舜의 가락을 튕길
겨를이 찾아 들겠는가.

얼룩진 바람이 불어 온다
해가 뜨고 진다
너는
바람을 마시고 산다.

(1976년 7월)

이춘재

성숙成熟

검푸른 태고太古의 숲이 우거진
산마루에 초생달이 누워 있고
바닷가 모래 밭엔
기어 오르는 파도 타고

고기 떼 쌍쌍이
밤마다 밀어密語로 지새운다.

가시덤불 속에서
찬 이슬 가리며
망실亡失된 임이 그리워
고독孤獨을 토吐하며 토吐하며
못다 울어
뻐꾸기는 저렇게 서러운가.

저 멀리 등댓불이 졸고 있는 섬엔

역사歷史를 씹으면서
미움도 가난도 거짓도 모르는
하얀 마음이 하얀 마음들이
원무圓舞의 선율旋律을 수놓는다.

산머리 위에 샛별이 비껴 서고
요사妖邪한 속삭임 사라지면
뱃고동이 정적靜寂을 깨뜨리고
비린 바람 한 아름 몰아 올 때
나그네는 하염없이
모래를 털며 털며 일어선다.

(1974년 7월)

이춘재

날개

가물거리는 저 수평선
휘몰아치는 여울
두 줄기가 한 줄기
백 줄기가 한 줄기

벼랑에 부딪쳐 튕겨지는 소리
절규의 파편破片인 양

부서진 물방울 조각
또 성난 파도波濤되어 웅얼거린다.

여름 겨울 낮과 밤에
참새 떼 생쥐 떼 재롱이 한창이면
벽오동 가슴속에
서러운 연륜年輪의 낙인烙印이 늘어가듯
두메산골 돌이 아비 이마에

주름이 피 맺히는 도랑들.

물방울과 파도波濤의 지겨운 사연
바위가 야위고 이끼 끼는 사이
연륜年輪도 주름살도 천 년千年의
진토塵土되며 대지大地는 원시原始를
잉태孕胎하는 또 원초原初.

부서지는 마음
방향方向 잃은 후조候鳥되어
밤하늘의 거센 바람 먹구름 헤치며
이름 모를 별빛 따라
흰 눈 내리는 산머리 위
두 날개 곱게 펼쳐
훨훨 날아 산하山河를 굽어 본다.

(1975년 1월)

이춘재

쭉정이

엄마의 치맛자락 눈을 가려
태아胎兒는 볼 수 없었다.
고사리 손 입에 물고
두 다리 버둥거리는 자기를.

문 창호지 앞을 가려
책 보자기 등에 달고
서당書堂으로 달리는 자신自身을
유아幼兒는 바라볼 수 없었다.
그리하여 문 구멍을 뚫었다.

개구쟁이 골목대장 되어
먼 훗날을 새기며
수繡놓은 숱한 꿈들.

저물어 가는 가을날

잿빛 하늘 가슴을 쓰다듬고
흘러간다.

상행上行 열차의 기적汽笛 소리
밤 하늘에 흔들리고
어린 날 추억追憶의 파노라마
하염없이 펼쳐지는 이 순간瞬間.

남고산南固山 중턱에
고이 잠드신
어머님 삼베 치맛자락이
마냥 그리워진다.

(1978년 8월)

이춘재

오발誤發

삼팔식三八式 구구식九九式 장총長銃은
이제 삼십 년이 지난 유해遺骸
칠흑漆黑 같은 참호塹壕 속에서
허공虛空으로 굉음轟音이 숨을 죽이며
탄환彈丸을 싣고 우연偶然한 꿈속으로
날아갔다.

한 눈은 감고
다른 한 눈이 총구銃口를 기어들어
과녁[貫革]을 응시凝視하고
방아쇠를 당기면
멧돼지가 검붉은 비린내를 토吐하고
산비둘기 떼 영가靈歌를 합창合唱하던 날.

정복征服과 복수復讐의 교차로交叉路 위에
아폴로의 신神을 얼싸안고 난무亂舞하는
이그러진 카리스마의 군상群像들

그러나
화살이 포물선抛物線을 그리는
풍류風流의 누각樓閣
과녁이 덩!
미주美酒 가인佳人의 청유淸遊가
산山 허리를 휘감고
절귀絕句의 묵향墨香이
바위 틈에 스며든다.

증오憎惡와 분노忿怒의 용광로鎔鑛爐 속에서
이글이글 타오르는 장식裝飾 없는 순백純白
애정愛情, 연민憐憫, 관용寬容의 탄알을
동짓달 살얼음처럼
꽁꽁 얼어붙는
해묵은 대지大地를 향向해 쏘아 본다.

(1975년 8월)

이춘재

체념諦念

습습히 들썩이는
코스모스 입김이
차가운 무서리 되고

느티나무 가랑잎이
돌돌 말려
지각地殼의 파도波濤 따라
낯선 계곡溪谷에 파묻히는 날

흰 갈대
목을 빼어 늘여
애달프게 흐느끼는
고요한 시월의 만가輓歌

온몸이
불꽃을 튕기는

단풍은
피 묻은 최후最後의 만찬晩餐

가을 가을 가을 가을
우수수 드나드는 손님의 그림자
그림자

가물가물
열리려다 닫히려는
지평선地平線

희디흰
겨울이
씁쓸히 서 있다.

(1976년 1월)

이춘재

녹색綠色

녹색綠色의 바람 타고
따가운 마음
풀 향기 물씬 나는
유월六月의 한 모서리에 부딪친다.

개구쟁이 파릇한 여린 꿈이
시공時空의 물살에 실려
시나브로 사라져 갔고

엄나무 가시 같은 시점時點에 앉아
행여나
클로버의 네 잎일까
앙상한 손가락
살며시 내밀어 본다.

녹색綠色의 바람 타고

싸늘한 가슴이
먹구름 한 모서리에 부딪친다.

표주박 하얀 꽃이
피고 지고 피고 지고.

밤 하늘
찬란燦爛한 모래알이
머리 위에 쏟아질 때
강마른 세 까풀 눈을
지그시 감으며
입술을 깨물어 본다.

(1977년 7월)

이춘재

네 이름 부르며

여기는
어두운 산山 그리메
싸늘하고도
뜨거운 숨결의 계곡溪谷

애절哀切한 사랑의
옛 대화對話는
산허리에 묻혀 버렸고

헤아릴 수 없는
발자국 짓이기는
서글픈 고찰古刹의 나날

서릿바람 차가운
이 산등성이에
저 초점 잃은 눈동자들

기성奇聲과 광란狂亂의 난맥곡亂脈曲 속에
붙들고 휘감기는
마비痲痺된 입술들
희야! 여기는 단풍의 명승名勝

나 홀로
석총石塚에 돌멩이 하나
던져 놓고

칡덩굴 헤치며
영끝 넘어
검푸른 상록常綠의 숲
또 찾아

고운 네 이름 부르며
뽀얀 안개 껴안고
그저 그저 걸어간다. (1978년 1월)

정형단시定形短詩

우리나라의 고시조(古時調)를 대하다 보면 자수(字數)에 차이(差異)가 많은 것을 알 수 있다. 초장(初章) · 중장(中章) · 종장(終章)으로 나뉘어 보통(普通) 43자 내외(內外)이나 때로는 47자, 68자, 125자, 135자에 이르는 것도 있다.

어떻든 정형적(定型的)인 것으로 이해(理解)되고 있으나 엄정(嚴正)하게 말하면 불규칙적(不規則的)이라고도 말할 수 있다. 정형(定型)이라기보다 정형(整形)이라 할 것이다.

이웃나라 중국(中國)에도 옛날부터 칠언절구(七言絕句)나 오언절구(五言絕句)가 일반적(一般的)인 한시(漢詩)의 형태(形態)인 것이다. 또 이웃나라 일본(日本)에서는 당카(短歌=和歌〈와까〉), 하이쿠(徘句), 혹은 센류(川柳) 등 내용(內容)의 특징(特徵)을 달리하기는 하나, 당카(와카)는 자수(字數)가 5 · 7 · 5 · 7 · 7의 31자이고 하이쿠와 센류는 5 · 7 · 5의 17자이다.

자동차(自動車) · 도로문화(道路文化)에서도 차(車)는 우측통행(右側通行) 사람은 좌측통행(左側通行)이며, 교통신호(交通信號)에 빨강 · 노랑 · 파랑의 등(燈)불로써 번잡(煩雜)한 교통(交通)의 질서(秩序)를 유지(維持)하게 된다.

오늘날 혼미(昏迷)하고 불확실(不確實)한 세상(世上)에서 시인(詩人)이라는 특수(特殊)한 존재(存在)가 아니라면 시를 쓴다는 것은 그리 쉬운 일이 아닐 것이다. 누구나가 시정(詩情)을 가질 수 있으니 그것을 문구(文句)로 표현(表現)하는 일은 어렵다는 말이다.

그러한 까닭으로 간단(簡單)하게 일상생활(日常生活)에서 감각(感覺)되는 것들을 즉(卽), 춘하추동(春夏秋冬) 사계절(四季節)에서, 지구촌(地球村)의 여기저기에서 일어나는 일, 정치(政治) · 경제(經濟)의 갖가지로 청취(聽取)되는 동향(動向)에서, 다방(茶房)에서, 술자리에서 애인(愛人)과의 애정(愛情) · 대화

(對話)에서, 가정(家庭)에서 또는 기타(其他) 취미(趣味) · 오락(娛樂) 등 모든 일에 걸쳐 마음으로 얻는 것을 4 · 4/4 · 4, 4 · 4/4 · 4의 32자로 그려내자는 것을 제안(提案)하는 이유(理由)가 여기에 있는 것이다.

우리들이 향유(享有)하고 있는 자유주의 생활(自由主義 生活)은 결코 자유분방주의(自由奔放主義)가 아닌 것이고 또한 우리가 존귀(尊貴)하게 여기는 개인주의(個人主義)는 자기(自己) 개인(個人)의 완성(完成)을 목표(目標)로 하는 것이지, 자기 편익(便益)이나 욕심(慾心)을 만족(滿足)시키려는 이기주의(利己主義)가 아닌 것이다.

그러므로 규칙(規則)이나 법도(法度)나 공중도덕(公衆道德)을 지키자면 자기행동(自己行動)에 일정(一定)한 제약(制約)이 필요(必要)한 것이다.

우리의 금수강산(錦繡江山)이 쓰레기강산이 되어버린 것이나, 명경(明鏡)같이 맑았던 사대강(四大江)이 오염(汚染)되어 식수(食水)로 사용(使用)할 수 없게 된 것, 교통사고(交通事故)로 사상자(死傷者)가 많기로 세계 제일위(世界 第一位), 참으로 부끄러운 일들은 우리 국민의 정형의식(定型意識)이 너무 박약(薄弱)하다고 해도 과언(過言)이 아닐 것이다.

여기에서 우리는 선의(善意)의 방향(方向)으로부터의 틀에서 벗어나려고 하지 말고 그 틀을 지키려는 생활 태도(生活 態度)를 이어 나아가야 할 것이다. 이것만이 문호개방(門戶開放) 국제사회(國際社會)의 경쟁(競爭)에서 패배(敗北)하지 아니할 이 나라의 민주주의(民主主義) 국민생활(國民生活)의 요체(要諦)인 것이다.

정형시

1. 젖먹이손 보드랍게
동녘하늘 바람불면
샛노랗게 샛노랗게
개나리꽃 땅적시네

2. 찌는듯한 불볕아래
우거지는 수초그늘
붕어떼는 활기찬데
강태공들 졸고있네

3. 연기없이 불타는산
저렇게도 강한정열
자연의힘 경외롭고
이내심정 싸늘하다

4. 이상난동 길다해도
늦추위가 오는지라
설거꾸로 쇠었다고
부들부들 떨지마오

5. 안주적다 타박말고
마시게나 마시게나
하얀눈을 바라보며
샛눈뜰것 하나없네

6. 낙화유수 「다정집」에
모여앉은 선남선녀
주고받는 넋두리가
술마시면 노래되네

이춘재

7. 고해라고 비탄말소
옷걸치고 잠을자고
하루끼니 조반석죽
선비인생 그만이지

8. 긴세월을 가도오도
못하는데 무소식을
다행으로 생각하며
무위도식 소일하네

9. 차없으면 병신이고
셋방살이 자가용도
대접받는 세상이라
자동차가 날개로다

10. 자동차는 생활하는
현대인의 생명인가
한방울도 솟지않는
땅속기름 한이로다

11. 자동차가 두렵구나
교통신호 교통법규
무시하는 운전기사
인명재천 인명재차

12. 이날이때 눈앞에서
아련하게 환영만이
오락가락 하는순간
젊은날의 여인모습

13. 비나이다 비나이다
하느님께 비나이다
고목가지 꽃피워서
봄을맞게 하옵소서

14. 태공들이 몰려와서
겨울낚시 붕어수확
뽐내면서 보여준다
한겨울에 뱀치들을

15. 새해에는 어떠할까
토정비결 짚어보자
내것네것 빠짐없이
이것또한 오락일세

16. 십년전에 살던내집
찾아오니 추억거리
한두가지 아닌데다
상전벽해 벽해상전

17. 블루우즈 옛날음곡
창문뚫고 쏟아지는
아스팔트 포도위에
가로등도 눈물지네

18. 왜우느냐 왜우느냐
눈물없이 소리높여
우는사연 무엇인데
눈물없이 왜우느냐

이춘재

19. 오들오들 몸흔들며
낚싯대를 챙겨들고
얼까말까 하는호수
미끼꿰어 던져보네

20. 어한위해 선술집에
허겁지겁 들어서니
늙은주모 이게웬일
붕어부터 내놓라고

21. 하나둘이 셋과넷을
다섯여섯 일곱여덟
아홉열을 조소하네
열보다도 더크다고

22. 인생짧고 예술길다
그말씀이 고결하다
인생길고 사랑짧다
일시감정 연극인가

23. 낙화유수 목로에서
호락질을 하는구나
우연이라 너와나는
동행하는 길손이냐

24. 목로에서 호락질이
이만하면 일품이지
일배일배 부일배라
오늘밤도 깊어가네

25. 이놈그놈 하나없고
출출하여 홀로나서
찾아가는 사거리집
오늘밤을 달래주네

26. 네한잔도 내한잔도
권치않고 그저혼자
마신것이 이래저래
오르면서 제왕일세

27. 소국은파 한다발과
카네이션 다섯송이
꽃병에다 꽂았더니
그향기가 춤을춘다

28. 흰백합꽃 자태처럼
고결하다 그대모습
자나깨나 일편단심
끝날까지 사랑하리

29. 찔레꽃이 향기좋아
꺾을래야 가시세어
손내밀다 피만나고
씁쓸하게 돌아서네

30. 한겨울에 무슨비가
이렇게도 심술궂나
어린이랑 멍멍이가
기다리는 눈좀펑펑

이춘재

31. 하느님의 뜻에따라
오늘까지 살아왔고
막내나이 사십인데
배필하나 못구했네

32. 막내사십 배필없어
전능하신 하느님의
뜻인것을 어찌하리
어기리까 비옵니다

33. 단독주택 그립도다
고층건물 아파아트
풀한포기 못심으며
흙한뼘도 못밟는다

34. 천장에서 쿵쿵쿵쿵
개구장이 뛰노는데
무너질까 걱정이고
머릿속이 흔들리네

35. 술자리는 시들하고
안마시면 허전하다
거센바람 눈날리어
전화기에 손을댄다

36. 갈곳없고 올손없어
하루가기 천추인데
갯버들이 푸르르면
붕어새끼 잠깨겠지

37. 금수강산 삼천리가
쓰레기로 뒤덮이네
누구인가 누구인가
내탓이오 내탓이오

38. 자연속의 인생이요
인생또한 자연이오
대자연을 사랑하여
인간살이 보호받세

39. 대한영감 소한댁에
찾아가서 얼었는데
올해소한 춥지않아
벌레들만 수군수군

40. 새해아침 이것저것
반성하고 맹세하고
떠오르는 태양향해
두손모아 기도하네

41. 잊고있던 옛친구가
카아드로 녹해오니
고마웁기 한량없어
설에는꼭 답장하리

42. '94년의 초하루는
계유년의 동짓달이
열흘이나 남아있고
갑술년은 이월십일

이춘재

43. 먼동트니 참새떼가
시끄럽게 우짖도다
어서어서 일어나서
단시한수 적을거나

44. 하루해가 동지서나
노루꼬리 만큼이나
조금조금 길어지고
온도눈금 올라간다

45. 갈까말까 하던차에
올라오라 하는구나
하대원동 아파아트
그리워라 만져보자

46. 십년이면 긴긴나날
고무나무 열살인데
한겨울에 방안에서
무럭무럭 자라나네

47. 목천포의 민물장어
사실인즉 양식어족
그나마도 희소하여
값이높아 맛이좋다

48. 오늘따라 금우주당
한사람도 빠짐없이
목천친구 찾아가서
만경강의 옛날추억

49. 쇳덩이나 다름없던
건강한몸 어디가고
그렇게도 바빴던가
지기하나 저승갔네

50. 쓸쓸하다 슬프도다
달에몇번 찾아주던
하나뿐인 지기잃고
마시는술 입에쓰네

51. 가슴깊이 박힌피멍
말한마디 위로한들
텅빈마음 메워질까
미망인에 죄송하오

52. 허무한게 인생이라
영광스런 학위저서
종이위에 새겨놓고
유명달라 소리없네

53. 한국관광 소리높이
외치려면 친절하고
편안하게 안내하는
마음모아 맞이하게

54. 나사는곳 깨끗하게
다듬어서 아름답고
상쾌하게 살으면서
'한국제일' 칭송받세

이춘재

55. 이발하고 면도하면
한주일은 안락하다
오늘정오 이용원의
세상잡담 흥미롭다

56. 중진에서 선진으로
국제화에 개방이라
조국운명 이제부터
W.T.O에 달려있다

57. 암모니아 질소에다
톨루엔에 벤젠이라
오염식수 영남주민
마시면서 비분강개

58. 낙동강의 페놀사건
불과삼년 전일인데
마실식수 불안한채
신토불이 부르짖네

59. 문호개방 국제화는
치산치수 연후에야
기대되고 실효있다
목소리는 조용조용

60. 민주주의 미명빌려
부산작용 파생허다
이기주의 개인주의
뜻모르며 고성방가

61. 목로에서 호락질이
이만하면 일품이지
일배일배 부일배라
오늘밤도 깊어가이

62. 배부르다 배부르다
보릿고개 어디갔나
어제일이 오늘인데
철도없이 허영일세

63. 개방이라 국제화로
지구상의 온나라가
극한경쟁 겨루나니
기필코야 주먹다짐

64. 물가안정 무너지면
임금체계 부서지고
유동화폐 팽창하여
인플레가 앞길막네

65. 20세기 말년안에
남북통일 성취라고
아니아니 천만말씀
이삼십년 더갈텐데

66. 어리둥절 하고말고
물가안정 한다더니
시장가격 자유라고
고삐풀린 망아지들

이춘재

67. 갑술원단 송구영신
우편엽서 오십일매
투함날을 고르다가
2월 5일 작정했네

68. 2천원에 감자네개
천원어치 시금치는
팔지않아 기가막혀
이런물가 처음본다

69. 오늘보는 정년퇴임
신년후배 면면인데
홍안반백 뉘덕분에
저렇게도 겉늙었나

70. 정년이란 법규제가
인생정년 재촉하고
사회보장 없는세상
노인살곳 어디메뇨

71. 정년퇴임 식장참석
십년전일 회상하니
유수세월 실감나고
갱소년법 어디없나

72. 갑술년에 5사 6입
팔십인데 한국남녀
평균연령 겨우넘어
천만다행 자위하네

이춘재

73. 갑술년초 대설한파
귀성효심 괴롭히며
차량주행 정체극심
노부모는 밤새우고

74. 대동강물 풀리는날
버들개지 움트는데
미곡시장 국제개방
농민들만 얼어있네

75. 북쪽정권 한심하다
핵은깊이 묻어놓고
질질끌어 사찰단엔
빈껍데기 보일건가

76. 어김없는 계절향기
꽃대들이 솟아오른
화분춘란 오늘아침
눈에띄게 자라났네

77. 갑술년의 대보름은
수십년래 처음보는
민속놀이 대대축일
민족자긍 세계선린

78. 대통령직 취임일년
정치개혁 수행계속
부정불안 부실불식
난제태산 국민협조

79. 제 17회 겨울철의
올림픽이 열렸는데
노르웨이 설원빙국
태극기가 펄럭이네

80. 큰나라들 제쳐놓고
일본중국 따돌리고
금메달 4 은메달 1
동메달 1 세계 6위

81. 국경일에 국기게양
하지않는 집이많다
애국심은 가슴속에
깊이깊이 묻어놨나

82. 210호 아파아트
펄럭이는 태극기는
겨우 20 3·1정신
흉내라도 만세만세

83. 무기없는 무역전쟁
포소리가 없다지만
교역적자 약소국가
강식약육 국제개방

84. 기러기가 북쪽으로
몇만리길 날으기를
시작하는 경칩이라
매화새싹 튀어나와

이춘재

85. 일희일비 인생행로
천리청산 사방춘풍
명산대천 노소관광
불우지린 의식위천

86. 으레있는 꽃샘추위
불쑥한파 깔린아침
피어나는 매화가지
부들부들 떠는구나

87. 생수족속 수도족속
삼천리의 국토분단
남북통일 멀었는데
식용수도 양분인가

88. 지난해의 초상에는
침통중에 궐례하고
4월5일(음) 소상맞아
유족들을 위문했네

89. 병채에게 바친제주
병채마심 할수없고
미망인은 나를보고
망인생각 더클세라

90. 저기에도 여기에도
있고없고 없고있고
슬퍼하다 기뻐하고
기쁘다가 눈물난다

91. 봄의색깔 개나리와
목련자태 봄아가씨
깊은가슴 잔잔하게
물결일게 손짓하네

92. 오랜만에 봄비내려
메마른땅 촉촉하게
적셔놓아 산천초목
가뭄갈증 풀리었네

93. 춘설이라 반갑기는
하지마는 너무빨리
녹는것이 아쉽구나
수양버들 물오른다

94. 대통령이 동경으로
북경으로 부리나케
날으면서 핵개발을
막으려고 극력외교

95. 한미관계 한일사이
한중교류 한소쌍방
미일상호 미중관심
미소접근 유엔향방

96. 대통령의 일본방문
중국방문 국익증진
북핵억제 바쁜여정
북한정권 분별무지

이춘재

97. 봄이로되 아니로다
음산하고 바람불고
아닌봄이 차가워도
그래도와! 싹돋는다

98. 서울시가 불바다로
되는것을 각오하라
어림없는 소리로다
평양시는 재가되지

99. 4월말일 첫낚시질
철민씨와 동행하여
금마내지 오랜만에
오늘수확 붕어일미

100. 아직까지 식욕없다
섭씨온도 이십넘어
산란기에 들어서야
덥석덥석 물어대지

101. 청산처럼 말도않고
창공처럼 티끌없이
바람같이 물과같이
살아왔다 자위한숨

102. 육갑지나 고희가고
희수해가 내년인데
무엇하나 본때있게
남긴게란 하나없네

103. 낚시질이 소일인데
새벽부터 석양까지
이저수지 저호숫가
잡념벗어 던지고야

104. 하루어획 많고적고
수십마리 들고와서
이집저집 차례대로
선사하면 기뻐하네

105. 경천화산 먼곳으로
번번이도 태워주는
아호이송 친구정성
미안하고 감사하네

106. 낚시조력 짧지않아
오십년은 되는데도
삼십센티 붕어낚아
올린것은 처음일세

107. 전쟁대비 생필품의
사재기가 성행이라
경제질서 무너지면
안싸우고 지는게라

108. 북핵문제 세계투통
무력통일 단념포기
그것만이 불안해소
남북평화 통일된다

이춘재

109. 전대통령 카터씨와
김일성이 평양에서
북핵문제 토의하나
별무성과 나의예측

110. 전쟁이냐 평화이냐
상반양면 기로아닌
현실위기 불안지속
불확실성 연속일뿐

111. 시카고시 솔저필드
구사년도 세계축제
월드컵의 축구경기
개회현란 선전기원

112. 우리나라 C조편성
스페인과 첫번대결
볼리비아 이어독일
일승이나 거뒀으면

113. 스페인과 첫판게임
선전분투 전반 0 0
후반전에 2대 2로
여타게임 모두무승

114. 한국실력 향상불구
고질적인 수비미스
공격연결 껄끄러워
개인기량 연마절실

115. 김대통령 김일성의
만남이곧 통일아닌
피차속셈 짐작이나
하게되는 순서일뿐

116. 그나저나 만나보는
약속실현 주저말고
하루속히 결정하여
어디서나 만나야지

117. 일보후퇴 이보전진
아지프로 중상모략
이것들이 사회주의
전략정책 수법이다

118. 정상회담 필요하나
어김없는 약속지켜
평화통일 보장되면
오죽이나 좋으련만

119. 오늘하지 낮이길어
가장밝아 좋은날이
내일부터 짧아지는
아쉬움이 사무친다

120. 봄가을이 너무짧아
긴여름과 긴겨울이
한해계절 다인것을
그나마도 겨울싫다

121. 7월 8일 2시 지나
이십세기 후반세기
북쪽땅에 군림하던
김일성이 사망하다

122. 김일성의 작고소식
전세계에 알려지자
자연사냐 사고사냐
여러억측 구구하다

123. 십여일간 계속되는
찜통더위 삼십사도
삼십육도 덥다더워
장마철에 비안오고

124. 낚시질도 가을까지
포기하고 선풍기로
피서소일 냉장수박
한창더위 식혀주네

125. 김정일의 북한통치
당총비서 국가주석
군부원수 그집단이
세계제일 왕국이랴

126. 공산·사회 전체·통제
개인·자본 자유주의
경험역사 증명하는
다수복지 낙점끝나

127. 삼십칠도 마른장마
살인적인 초복날씨
집안에서 모처럼의
복달임은 오이냉국

128. 더워더워 이런더위
반세기에 처음겪는
혹서라고 비안오면
농작물은 다타죽네

129. 논밭고갈 사상최대
전력소비 사상최고
475억 수원개발
오죽하면 태풍기대

130. 오늘중복 삼십육도
월말까지 비안오면
수리몽리 지역마저
위기초래 농심불안

131. 목마를때 물한모금
배고플때 밥한숟갈
인정있는 세상살이
허덕이는 겨레사랑

132. 민심악화 천심무심
칠십년에 처음보는
큰가뭄이 찾아와도
기우제나 드려보고

이춘재

133. 김일성이 죽고나서
정일이가 집권하여
북한천하 호령하나
앞날행로 첩첩산중

134. 북쪽정권 고위층의
자식이나 서랑이다
조직체의 간부들이
귀순하는 정세비상

135. 오늘처서 삼십육도
삼십팔도 살인적인
여름더위 시들도다
계절섭리 위대하다

136. 아침저녁 서늘하여
불쾌지수 스트레스
저하되니 하루하루
가을문턱 낮아진다

137. 백두산에 다녀왔다
자랑말고 흙한줌을
기념으로 가져와서
보였으면 감동할걸

138. 아침저녁 가을이오
한낮기온 여름인데
코스모스 피는날에
내일인가 모레일까

139. 한가위를 이틀앞서
성묫길에 올랐는데
여름가뭄 혹심하여
잔디떼가 다말랐네

140. 산소길목 여러그루
감나무에 남이따간
뒤에남은 몇개몇개
누런감이 반겨주네

141. 오늘추분 코스모스
도로변에 만발하고
황금들녘 끝이없이
안먹어도 배부르네

142. 이송·석정 두친구와
소문좋아 낚시질을
봉선지로 향했건만
무슨조화 허사로다

143. 지존파의 인간부인
복수심의 계획살인
살인마귀 청년집단
천인공노 사회일면

144. 왜이렇게 인간성이
파멸일로 치닫는가
빈부격차 사치낭비
균형복지 문제로다

145. 인천구청 공무원들
백오십억 세금횡령
어찌하여 이런일이
오늘에야 터졌는가

146. 지구상에 어느나라
사회양상 이다지도
부패하고 은폐되는
사건사례 있겠는가

147. 아세아인 올림픽이
열두번째 개막되다
세계 2차 대전말에
원폭투하 히로시마

148. 이름조차 못들었던
나라들도 참석하고
캄보디아 베트남과
라오스가 참가했다

149. 중국단연 일위예정
한국일본 이위다툼
치열하여 예측불허
북한은왜 불참인가

150. 푸를대로 푸르르며
높고높은 하늘마음
천고마비 더해가고
하루하루 밤길어져

이춘재

151. 사천삼백 이십칠년
개천절에 건국이념
상기하여 홍익인간
정신더욱 앙양일세

152. 이나라의 문교정책
학력위주 사회현상
디프로마 상처깊어
홍익인간 간곳없네

153. 히로시마 아시아드
오늘폐막 대한민국
일본제압 당당하게
42국 중 2등차지

154. 갖은교활 술책쓰고
일억일본 우리훼방
초지불굴 끝끝내내
무궁화는 피었노라

155. 대관령에 벌써첫눈
왜이리도 가을철은
짧은건가 봄오기를
기다리라 이말인가

156. 술자리도 염증나고
낚시질도 고달파서
막역지우 소원하고
팔다리만 우둔하네

157. 성수대교 중간상판
오십미터 폭삭함락
버스봉고 세단합쳐
오륙대가 인재흉사

158. 부실토목 건축전반
민간이나 관변측이
그저돈돈 황금만능
뇌물축재 세계무쌍

159. 1 9 9 4 1 1 2 0
1 5 시정 남산허리
외인전용 아파아트
고층2동 5초파괴

160. 남산주변 흉물들이
말끔하게 정화될때
서울인심 풀어지고
평화시민 노래하리

161. 떨어지기 싫어하며
아쉽게도 붙어있는
붉은가을 실컷마셔
가슴깊이 묻어두라

162. 땅바닥에 주저앉아
오그리는 애처로운
들국화가 된서리에
숨죽이며 떨고있네

(1995년 1월 이전)

이춘재

163. 명문대학 교수님이
자기부친 살해하고
세상이목 가리우며
정중하게 치상하다
(1995. 5. 18.)

164. 많은재산 원한되고
귀한자식 원수로다
무자식이 상팔자요
무재산이 상팔자다

165. 이웃나라 일본에서
악독가스 지하철에
수천명이 중독되어
아수라장 지옥되고

166. 유사종교 옴진리교
혐의농후 지구촌에
살인종교 횡행이유
물질만능 보복인가

167. 투표결과 여소야대
거만하고 불손하던
여당콧대 하루사이
납작코로 변하였네

168. 6·29일 삼풍백화
18시에 A동붕괴
사상자가 천명넘어
참사로다 흉사로다

169. 생사기로 천운인가
구조작업 졸렬하고
지휘계통 난맥이며
구조장비 기구부족

170. 부실공사 공무태만
뇌물수수 안전무시
총체적인 부실비리
과실아닌 필연살인

171. 삼풍백화 붕괴한후
삼일만에 기적으로
생구출된 최명석군
물방울로 연명했다

172. 매몰된지 십삼일째
또하나의 기적발생
류지환양 살아나와
온국민의 환호충천

173. 삼풍백화 지상 5층
지하 4층 건물붕괴
매몰된지 17일에
또기적이 일어났다

174. 방년 20 묘령처녀
물한방울 먹지않고
견디어내 살았다니
그불사조 박승현양

이춘재

175\. 총독부의 건물첨탑
8·15라 조국광복
50주년 기념식에
동강잘려 떨어지다

176\. 35년간 일제위엄
상투잘려 근세사의
뒤안길에 묻힌뒤에
침략범죄 회한크리

177\. 98 새해 2·25에
대통령의 이취임식
역사적인 정권교체
대한민국 천세만세

178\. 고문경찰 도피십년
저서수십 고관방조
업자가옥 공짜살고
업소단속 외면이라

179\. 일만오천 광년거리
은하수의 생성발견
우주과학 최초증명
세계학계 한국인정

180\. 살인예사 인명경시
별무대책 인간말세
사형폐지 강경반대
살인자는 죽음마땅

181. 뾰족뾰족 새싹돋는
우수지나 경칩이다
IMF야 대동강의
녹은얼음 타고가라

182. 대한민국 여야교체
싱그러운 새정부가
들어섰다 국민정부
우리나라 최초경사

183. 마라도의 마파람은
생긋생긋 웃으면서
춘분타령 흥겨운데
어제오늘 꽃샘추위

184. 군부요원 병무비리
뇌물받고 병역면제
군대마저 썩었다니
하품이나 해야겠다

185. 북한주민 아사많고
탈주자가 날로증가
식량원조 무색하게
이란에는 무기판매

186. 여기저기 허위일색
이런저런 사기횡행
성실정직 사라지고
짜가세상 판치는가

(1999년 12월 30일 이전)

이정미 (三代)

李廷美

이리남성여자고등학교 졸
덕성여자대학교 영어영문과 졸
고려대학교 대학원 교육학 수료
고려대학교 비교문학 석사
현 이리남성여자 중학교 영어교사

이정미

이정미

천 년의 고독

천 년 전부터
무등산 골짜기 하얀 눈발로 조그만 발등에
온몸을 부리며 반짝이는 햇살에
순간처럼 미소하던
커다란 두 손안에 가득 고인 시냇물
그리운 이의 입술에 영원으로 부어지고

천 년 전부터
골방에 갇혀
진달래 빛 그리움은 멍하니 목이 쉰
봄날의 아지랑이

천 년 전부터
영광의 노래로 빛나는 소도시 다방 글로리아
갓 감아내 손질없이 헝클어진 파마머리로
여윌 대로 여위어 쿨렁해져버린

너의 손가락 빗질 삼아
한 가닥 한 가닥 그리운 시간들을
헤아려 짚어내고
망토 자락에 휘감기어 숨겨진 중세 수도승의
팍팍한 무릎
고행의 하루 하루 지쳐 버린 너의 세월은
구혼을 거절당해 목매어 자살한
아마란타의 약혼자 호세 아르카디오

실로 고독에 타죽은 불나비 염력
무척 오랜만에 대하는 이마의 하얀 뼈
낯설지 않은
천 년 전에 죽은 너의 모습
소리쳐 내지르던 외로움은
江으로

흰 뼈가 드러나는 커다란 손등
어림없는 따스한 눈물을 훔쳐 주었지만
천 년 전부터
아무하고도 말할 수 없는

고이 간직한
그리움의 내출혈
을지로 낯선 병원
하얀 침상에서
누런 소의 눈
천 년의 그리움
너는.

이정미

출구상실 · 1

「알리바바와 40인의 도적」에서는
열려라 참깨! 이 암호 하나면
바위문도 열리었다.

여러 차례의 출구 상실에
여전히 욕망은 울음을 끙끙 앓고
壞疽에 가까운 상처에도 아랑곳없이
부끄러움 모르고
5월을
완고한 그리움은
통째로 띄운다.

욕망은 숨이 차다.
헬렌이여! 가장 힘센 남자를 따르라.
迷惑을 운명보다 강하게 흩뿌리어
잠시만 깨금발로

잠시만 더

수식어를 잘라버린 간결한 말투만큼
出口는 어이없이 막혀 있었고
암호마저 잃은 절박함은
가로 놓인 시간의 江에
교만하게 힘찬 절벽의 山으로
빠른 5월의 배를 띄운다.

아라비안 나이트에서는
분명히
그 암호로 바위문도 열리었는데
미움보다 단단한 마음의 門은
어떤 암호일까?

열려라 참깨!

이정미

출구상실 · 2

열려라 참깨!
알리바바와 도적들에겐 주머니 속의 호두였지.

단정하게 빗어진 魂의 이마
깊숙이 엽맥을 떨치어 살이 이는 始初의 울음
신록의 이파리들이 솜털가시 소름돋은
生汁을
차마 흘렸다.

욕망은 숨이 차다.
헬렌이여! 가장 힘센 남자를 따르라
속눈썹으로 빛을 가리기엔
속엣말 부어대는 벌거숭이 죄를 등타
열꽃 피는 진달래 지쳐 누웠다.

뿌리째 뽑아 올려 도도한 低音으로 빛깔 맺고
뻐문은 틈새는 뚜렷한 碑文되어 지켜 섰는데
스치는 바람마다 속살을 덴다.

교만하게 깎아지른 절벽의 山
포구 찾아 혼절하는 피멍앓이 시간
닳아 뽑혀진 열 개의 손톱들
오늘도 해가 진다.

열려라 참깨!

이정미

미상迷想

한쪽 눈을 부릅뜬
청색 개구리
우주라는 망망대해 속에서
이리 뛸까 저리 뛸까
아무리 앞다리 뒷다리를
구르고 저어도
겨우 이끼 낀 웅덩이를 맴돌 뿐

어쩌면 우리네 인생살이
한쪽 눈을 부릅뜬
한 마리 청색 개구리
두 눈을 부릅떠도 힘든 판인데
왜 한쪽 눈일 거냐고
강렬한 메시지를 전하기 위한
툭 불거진 한쪽 눈의 두리번거림은
차라리 험난한 人生

그 자체라네
제아무리 힘껏 휘저어 보아도
깜깜한 어둠뿐인
生의 비밀을
도저히 캐낼 수가 없을 뿐이네.

뽐내어 生의 한가운데로
유유히 헤엄쳐 나와
겨우 손바닥만 한 연꽃잎 위에 앉아 보니
여기가 저기 같고
어제가 오늘 같고
네가 나 같으니
무엇을 알며 무엇을 모르느냐
또 무엇을 그리워하며 무엇을 미워하는 것이냐.

이정미

한恨

아사달에서 서울벌 푸른 숨 차오르며
쑥향기 말갛게 젖어 내리고
처용 아내 다리가 넷에서 둘로 진화되는 기간이라야
또 한 번 거슬러 사는 世上에로는
한사코 마다시는 어머니의 일흔
그래도 더 긴
1억 5백만 년은 不可知의 처참한 늪
사진 속에서
원형 가까운 공룡알은 광속도보다 빠른
중앙아시아 페르가나 산맥 우주선의
試乘者
그때 거기
지금 여기
시간은 잔인하게 殺害되고

우리가 보듬는 하루살이
해돋이의 물 머금은 생긋한 발기와

속살 하얀 별빛의 단내 나는 흐드러짐으로 잠드는
온전한 結合
한데
통틀은 우리 모두의 出現도
수십억 년 지구에서 가장 오랜 암석과의 사랑에선
하루살이 힘겨운 精髓
바위에 눌린 불감증은 아리게 할퀴어
혈우병의 덧없는 피를 흘리게 하고
바람마저 굳은 피에 갇히어 불지 않을지 몰라

오늘 내가
해외토픽 사진 속에서
페르가나 산맥의 공룡알 보듯
1억5백만 년을 앓고 난 후
그래도 생살로 남아 있을 공중의 무지갯빛 病
그게 몹시 걸린다.

그리움아

이정미

그해 여름의 삽화

"청기와 주유소 옆이야, 보고 싶어서…."

세상은 모두
7월 아래서 무릎을 꿇고 비굴하게
부서지고 있었다

"미안해."

한밤은 소스라쳐 낭자한 출혈을 목놓아 토해내고
눈뜬 노오란 잠은
밤바다의 수면 위를 둥둥 떠다녔다
굵고 낮은 유령 목소리
밤은 더욱 밤다워
전화기는 멈추지 않는 벨소리로
언제나 안개처럼 희부옇게 떨고 있다

간절한 열꽃봉오리
되도록 차가운 기운 부어 슬기롭게

머리에 달린 초롱한 이슬
설레이는 두 뺨은 빨갛게
물바가지에 버들잎 띄워
까만 씨의 찬찬한 마음은
두 손으로 받쳐 드리고자
초록비명을 내지르며
하늘로 하늘로 퍼져 나가던 합정동 로타리
한강의 물빛은 숨을 죽였다

하얗게 시린 눈밭의 마음속
저벅저벅 두드리며 다가오는
골목길의 발자국 소리
가깝게 가깝게
냉장고 모터의 쉴 새 없는 소음 속을
돌고 있을 때
세상은
여전히 오만하게 우뚝 서 있었다.

이정미

설레임

소나기에 씻기운 낮은 바람
어느새
토방의 댓돌 위에 말끔한 가을 신발 차려 놓아
땡볕의 그리움
높아지는 하늘에 던져 올리듯
안타까이 오늘을 설렌다.
가을의 긴 바람을 기다리지 않는데도

돌탑은
가라앉은 무거운 바람에 숨막히도록 안기어
늘펀한 채 요지부동을 꿈꾸었다.
여름내내 가늘게 눈뜨는 숨소리
무더운 바람 자락이 언뜻 가슴 아래로 미끄러지고
아직 입술에 닿을 만큼 바람이 키크지 않았는데도

눅눅한 바람 속에서 너의 목소린
어김없이 여름을 타내리고
여름바람 한 조각 솔지 않게
눈물의 시옷을 입혀
그리움 결 고운 나무 棺 속에 뉘어
꼬옥 묻어주마
목소리로 솟구치는 무덤의 떼를
돌보지 않을 건데도…

이정미

바람

바람이 불지 않을 땐
모두와 언어가 끊겼다
바람이 부는 날 걸었다
바람은 항상 시원하니까
계단은 많았고 더위는 수풀마다
더부룩이 자랐지만
활짝 열어 놓은 門은 한여름을
옆으로 젖히고 있었다
간절한 눈빛은 단정한 이마를
응시했으나 말은 고개를 비틀며
어지럼증을 탔다
심심해서? 입가는 알기 어려운 심술로
얼룩졌다
기쁜 마음을 바람에 실어
안타까운 逆說로 몸짓했으나
이마는 권태스런 줄무늬의 입체였다

바람이 불어요
바람이 멈췄군
바람은
바람은
7월을 부는데.

이정미

꿈 얘기

맞으면 진실이고 틀리면 만화예요
맞아도 틀려도 아무 말씀 하시면 안 돼요
꼬옥

어느 조그만 꽃궁전에 이런저런 꽃들이 피어 있었고
꽃과 이파리들은 한 줄기 바람에도
별빛으로 빛나며 떨고 있었네
아기손 초록별 맞아 그대 이름은
초록은 초록이어서 좋아라
초록은 生命

초록은 작은 시내를 이루고
저편에 여인은 어느새 초록城에
발을 들여놓았네
어머나
공주님과 왕자님을 양손에…
누구십니까?

조금 전에도 초록 콩줄기를 타고 초록 나무 끝까지
올라가서 아름다운 꽃궁전을 내려다보고 있었어요
초록잔디는 마치 초록빛 바다였구요
초록초록 반짝이는 키 작은 나무 잎사귀
꽃이파리들은 하늘하늘 웃음 머금고
임금님은 꽃길을 다정하게 손잡고
초록 얘기도 들려 주셨어요
그런데도
이 城을 떠나야 하나요?
뜨거운 눈물은 江이 흐르고

아기손 초록별들은 뜨거움에 시들며
하나씩 하나씩
모두 잠들어 버렸다
초록은 生命
나는 영영 쓰러졌다.

이정미

기도

자유스럽게 말하겠어요
하마 보일까 꽁꽁 숨겨 두었던 사랑

아낌없이 드리겠어요
솜털마저 일으켜 안아 세우던 당신의
낮은 목소리

주저없이 병들겠어요
가슴앓이 나 홀로 멈추지 않는 피의 세월

거짓없이 보이겠어요
신라 堤上의 아내처럼 울며 쓰러지던
삶의 최후

어차피 감지 못하는 두 눈
아예 뜨고 죽겠어요

저승에서 헤매이며 찾아 나설
당신 모습에
이승의 여름
저승의 여름
떠났으니까
남았으므로

이정미

헌화가

새벽도 힘차게 밀려 오기를 저어하며
天上의 시간을 벌고 있었나 보다.
적막한 가슴 마른 한숨 뱉았다 마시는
먼지 바람 벌판 기웃거려 본 일 없는
절색의 수로부인이 사알짝 볼우물 미소를
지셨나 보다.
四肢는 맥빠져 볼우물 미소 때문에
벼랑가의 붉은 꽃은 눈앞에서 피었다.
붉은 꽃에선 수로夫人의 볼우물 패이는
향내가 났다.
눈속에서 힘찬 붉은 꽃
붉은 꽃속에서 은근한 볼우물
또
볼우물 미소가 地上의 意味가 아니라한들

깎아지른 벼랑 아래
육신은 까마귀들의 풍어가에 이내 눈물 마르고
까마귀들이 더는 알을 까지 못하는 날까지만
영혼은 풍어가 의식에 司祭로 나시어
처처를 돌고 떠돌아
헛디딘 벼랑가의 살갗 벗겨진 흙조차 어루만지니
볼우물도 미소도 아니 보이셨다 하시어도
뱉았다 들이 마시는 마른 한숨의 입김으로
벼랑가의 붉은 꽃을 피운다 해도
마른 눈물이여
이번엔 어김없이 수로夫人께
붉은 꽃을 꺾어 두 손에 바치리이다.

이정미

인생人生

구조라로 향하는 바다 한가운데
배는 하얀 물보라의 목덜미를 꼿꼿이 일으켜 세운다
배의 후미에선
지치지 않는 물보라의 흰 함성
일제히 길길이 일어서 뛴다
山으로 물로 바람으로
그립고 아프게
나직한 목소리로 時刻을 다투어
살았던 詩人들
공중에서 해체된 줄기 줄기 물보라 기둥 속에서
가는 목덜미를 뽑고
긴 빛을 뿜는다
물보라는 앞으로 고꾸라지듯 달려 들지만
늘 고꾸라지는 법은 없다
배의 몸체는

완강한 물보라를 앞서 달리는
넋의 先驅

한 줄기에서 치솟아 물보라
물보라에서 무지갯빛
뿜어내는 詩人들의 깊은 눈빛을 담고
허연 목덜미를 내밀은
배 쫓는 물보라
지치지 않는 물보라의 흰 함성 속에서
詩人의 눈빛을 줍는다.

이정미

눈화장

여자는 눈
아이래쉬컬은 속눈썹과 한짝
햇빛 속에서 무수한 미립자로 길고 긴 속눈썹을
맴도는 신비한 청보라색 마스카라
토성의 띠 정도론 못 미치지
어쩌면 우주의 생성과정이 이랬을까
하도
햇빛 속에서 찬연히 빛나길래
길고 긴 수풀 속에 한 웅큼의 웅덩이로
너의 눈동자는
아직은 암흑
햇빛 속에서 보라는 금색과 한통속이지
은가루 금가루 무지개 가루
무척 길어서
햇빛 속에서 끝마다 파들거리는 속눈썹
초록콩 넝쿨 넝쿨 초록 콩줄기

지상과 천상의 오작교
햇빛을 타고 기나긴 속눈썹의 끝에 서서
지상으로 내미는 너의 가냘픈 손
속눈썹의 파들거림은
금빛 먼지를 부옇게 일으키는 마차,
때로는 모른 체하는 너의 미소
아니다
모두 숨을 거두었다

天上의 햇빛과 地上의 속눈썹뿐
햇빛은 황금 면류관을 쓰고
길다란 너울 쓴 가늘게 떨고 있는 속눈썹을 미끄러진다
너의 눈동자는
이제야 意味.

이정미

해남별곡別曲

당신을 통한 나의 꿈은 시들지 않았는데
올가을은 소리없이 스러져 가고
그 속에서 나의 젊음 또한 억울하게 침전합니다
꿈으로 인한 확신마저도 있어 주지 않는 지금이지만
한 번의 서투른 손짓이 영 기회를 잃고 말 것
같은 두려움에 떨며

지난봄을 생각하면
기대와 분노와 이 모든 것이 어우러져
기억의 저 깊은 곳
별들은 흰 빛으로 뚜렷하며
물결은 시린 바람 앞에서 침묵하며 엎드리던
그러나
情에 대한 신뢰와 따스한 관능이 일순간
비탈길에 충만했던

까아만 빌로오드 자락의 겨울밤
저수지로 함몰해 갑니다

지난 초겨울
사라져갔던 인간에 대한 절망과
소리내어 울 수조차 없었던
초봄

차라리 희망이기조차 하였던
우리의 몸짓입니다
그 어떤 계략조차 마련하지 못한
꿈꾸기마저 두려운
혼자 부르는 노래입니다

이정미

돌아눕는 강・1

민들레 씨앗이 바람결에 날릴 적에도
너의 외로움은 소리 내어 울지 못한다
풀빛 싱그러움이 하늘에 맞닿아 눈이 부실 때에도
너의 그리움은 강물에 잠기지 못한다

그늘진 구석 방싯방싯 노란 꽃들이
은하수의 별무리만큼이나 떼지어 피어 나는
숨막히는 생명의 5월인데도
너의 병마는 쿨럭쿨럭 자리를 털지 못한다

저는 어머니를 배웅하지 못하였는데도
어머니는 흰 고무신을 신고 머나먼
나들이를 떠나셨습니다
문 밖으로 걸음을 옮기실 때 몇 번이나
뒤돌아보셨을까요?

치맛자락을 붙들고 엄마아! 하고 뛰어 들었던
어린 날의 귀염둥이 떠올리시면서

뒤편 공터 쓰레기 소각장 날름거리는 불의 혀를
지켜보면서 함께하는 기쁨을 가슴과 가슴이 저리게
맞닿아 느끼던 지난여름 밤
그 밤을 저 혼자 찾아갑니다
그 밤은 너무 까매서 이야기의 실마리를 풀어내지 못합니다
그 자리엔 아무것도 남아 있지 않습니다
기쁨도
슬픔도
오늘도
내일도

이정미

돌아눕는 강 · 2

손을 내밀면 떨고 있는 이파리에 닿을 수 있을까?
물로 스며들면 당신 발에 가만히 젖어 들 수 있을까?
아련히 꽃내음 풍기면 창을 열어 나인 줄
맞이할 수 있을까?

꿈에서도 와락 목을 끌어안고
반가움에 몸을 떨었건만
깨어 보니 텅 빈 꿈뿐인 것을

초록 콩줄기가 무럭무럭 자라도
닿을 수 없는 곳
연분홍빛 진달래가 수런수런 소리쳐
불러도 들리지 않는 곳
샘물이 또랑또랑 휘돌아 그득히 괴어

그리움으로 웅덩이 진 그곳

참으로 저의 그리움 들리십니까?
진달래 꽃잎 하늘거리며
떨고 있는 자태를 보고 당신이
거기 계신 줄 알았습니다
며칠 전 산기슭 벼랑가에

오두커니 길가에 나앉은 쑥이며 돌나물에서도
당신 사랑 풋풋함 느낄 수 있어
그리 슬프지만은 않았답니다
바람 소리, 들풀내음, 꽃이파리 속에서
아직도 당신 사랑 내 설움이란 걸
버려지지 않는 안타까움인 것을
들가에 핀 파란 들꽃 몇 송이
당신의 마지막 나들이
미륵산 오솔길 군데군데
그때도 보았던 그 풀꽃
몇 송이 움켜쥐어 뜯어 봅니다.

이정미

삼국지-조조와 양수

신촌의 통닭구이 집
잉크처럼 물에 풀려 나오는 『삼국지』의 조조와 양수 이야기
양수는 조조와 저녁상을 같이하고
조조는 소리쳤다.
오늘 밤 암호는 "계륵이야!"
이 말을 들은 양수는 병사들에게 오늘 밤 공격은
"없다!"
부하들, 어떻게 아셨을까?
먹자니 그렇고 안 먹자니 아깝고 하는 "계륵 때문이야!"
양수의 풀이
속마음을 꿰뚫린 조조는 양수의 목을 "치라!"
왜 그날 밤
네가 조조처럼 느껴졌는지
나는 매곱시 양수처럼 목이 달아날 것만 같았고
그래 맞았어
꼭 들어맞았어
너는 조조처럼 떠나갔고
나는 양수처럼 죽어 남았다.

이정미

어느 남자男子의 죽음

봄날의 따사로운 햇살을 아득한 저편에 두고
소박한 가정의 한 지아비가 숨을 거두었습니다
병풍이 둘러쳐지고 사람들은 그렇게 앉아 있고
서 있습니다. 문 밖에 제등이 하나 켜져 있습니다.
두 꼬마 딸들은 얌전히 마루에 앉아 있습니다
아내는 남편의 죽음을 알리는 전화 걸기에
미처 슬퍼할 겨를이 없습니다
장모의 밤샘을 위한 술상이 마련됩니다
성당친교회에서 우리 집에도 한 통의 전화가 걸려왔습니다
4층의 아파트 창가에서 1층의 죽음을
그림처럼 서성이며 바라보고 있습니다.
어느 날 나의 육신의 짐꾸리기 또한
그처럼 조용하고 침착하게 치러질 것입니다
그리고 어느 여자의 죽음으로
낯선 사람에게 잠시 스쳤다가
아무 일 없이
진달래와 소쩍새의 말 없는 벗이 될 것입니다.

이정미

죽음

눈물은 5월의 날들을 잘리운 목에
꿰어 걸고
백골의 아미를 적시어
밤의 이슬은 더욱 무성하거니와
한 치의 햇발도
핏기 가신 아카시아를 비켜 듭니다

어제는 오늘이었는데 오늘은 어제입니다
5월은 5월로 하여
다시 설 수 없습니다
新婦는 葬送曲을 반주로 계절의 한가운데
끝없는 姦淫을
허허함은 이름 없는 시체 되어
대낮을 뒹굽니다

등돌린 진흙길의 떡고무신
갓난애의 울음소리
투박한 당신의 두 손으로 받쳐 들고
어제인 오늘을 걸어가는데

오늘은
삶도 죽음도 서로를 핥아
姦淫도 마냥 졸음 졸고
선물하고 싶었었던 어제에게
돈이 든 봉투를 건넸습니다

내일을 좁니다
그림 없는 꿈을 꿉니다
新婦도 좁니다

이정미

생명 위독

天刑의 화상 온몸에 이고
멀리 달려온 바람
스치는 풀이파리 가벼이 눕여
차라리
사랑으로 눈뜨고 죽어 갈 목숨 하나 낳겠다

바람 한 점 떼어
홀로
서슴지 않는 불타는 姦淫
스스로의 살점은 윤택한 부피 자람에 生命을 붓는다

제살을 씹으며 자란 바람의 아들아
화상 입은 성불능 애비바람
그 배꼽 속으로
처음부터 한살이었느니

꼭꼭 숨는다. 배꼽이 보이지 않는다
아들은 애비를 찾고 애비는 情夫를 찾아
술래바람으로 떠돈다
만경벌을 지나 해남들에도 떠돌았지만
애비는 바람난 情夫를 뒤쫓아 어디론가 또 떠났다는

찾아 떠돌아도 바람
찾지 않아도 떠도는 바람
피고름이 흐르는 곪는 배를 이고

生命을 뚝뚝 흘리며 달려온 불바람
가벼이 드러눕는 풀이파리
차라리
사랑으로 눈뜨고 죽어 갈
목숨 하나 낳겠다.

이정미

참 깃발-장기려 박사님

40년의 세월이 흐르고 팔십이 된
이북에 있는
아내 사진을 받아들었다.
옥양목에 풀 먹인 푸새거리보다
더 청량했던 신혼 시절
마루에서 그 마루 위에서
마당의 우물가 빨래하고 있는
아내를 바라보고 있는 순간
영원한 사랑을 예감하고 말았다.
'어려운 이웃 사람들을 정성껏 보살피면
이북에 있는 아내와 자녀들도 누군가의
도움을 받을 것'이라는 확신으로
따뜻한 사랑의 성냥불 그어대었을 뿐

40년의 세월을 태우셨다
활활 태워 버리셨다

눈물로도 꺼지지 않는
의술의 불꽃으로
사랑의 불꽃으로
사랑의 참 깃발이십니다
진정 당신은
장기려 박사님

이정미

하얀 나비를 보았어요

– 그녀의 명복을 빈다

내가 가는 이 길은 색깔이 없어요.
배추꽃에 앉아 있던 흰 나비가 잡아 끄는
아지랑이 가물거리는 봄 언덕이 아니에요
원추리꽃 훌쩍 담장 가에 솟아 있던
매미 울음소리도 그쳐 버린
그 눅눅하던 여름날의 칙칙함보다
더 무겁게 가라앉았던 시골집의 정적을
꾹꾹 눌러 밟고 가는 그 길이 아니에요

흰 깃발 만장들이 떼지어 일렁이고
참새 떼가 누우런 벼밭에서 깡통소리 울리며
떠나보냈던 아버지 어머니가 먼저 가시던
그 기름진 길이 아니에요

아무런 풍경이 없어요, 아무도 안 보여요.
나처럼 빨강과 검정과 싸움질하느라

한평생 기도원에서 보내고 있는 막내 오빠
모습조차 보이질 않네요

아, 나 같은 우리 오빠
오빠에게 손짓할 기분이 아니에요
나는 단지 빨리 어서 빨리 색깔이 없는 곳으로
도망치고 싶어요. 나 같은 우리 오빠도 싫고
나인 나도 싫어요
색깔이 없는 이 길이 맘에 들어요
한없이 오래 걸을 거예요. 죽을 때까지.

땡!
어디선가 시계가 한 시를 치네요.

이정미

오늘

길을 잃은 시간은
고르지 못한 숨소리에서도
어둠을 헤매인다
어제는 몰랐던 한 줄기 햇살
상실을 앓는 신음 속에서
소리 없이 피어 오르는 안개
앞이 보이지 않는다
벌써 生命만큼의 시간은 흘러
돌아볼 수조차 없으니
뒤로는 시간의 벼랑

삶을 가장한 죽음
튼튼한 뿌리 내리고
비켜선 하루하루는
갈라터진 틈새로 더 이상
물러서지 못한다

오늘
태양은 시린 물결 앞에서
말없이 주저앉았다.

이정미

꽃 같은 울엄마가 돌아가셨다

인생은 기껏해야 칠십 년, 근력이 좋아야 팔십 년
사람을 먼지로 돌아가게 하는 神이시여
정녕 당신의 뜻이었습니까?

푸드득 푸드득
천장에서 새들의 날개 치는 소리에 화들짝 놀라니
숨을 두 번 크게 몰아 쉬시고
심장이 멎어 버린

여기, 엄마가 누워 계시던 그 자리에
때늦은 미어짐으로 꿈속에서 밤마다
엄마를 살려내는 한심하고 못난 딸년의
베개가 웅크리고 있습니다

등산에서 돌아오셔서
몇십 분

그렇게 서둘러 훌훌 떠나셔 버리고
겨우 생수 한 컵 서둘러 갖다 드린
막내 딸년의 불효는
서리 서리 恨

떠나 버리신 빈 자리엔
환하게 꽃밭에서 웃고 서 계신 오 년 전
사진 속의 꽃 같은 모습뿐

꽃 같은 울엄마가 돌아가셨다.

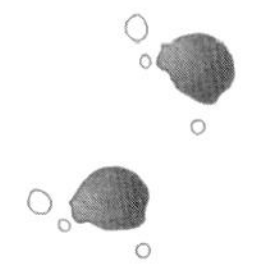

이정미

로댕과 까미유 끌로델

닮아빠진 시립병원 정신병동
개개 풀어져 버린 눈동자
꽃봉오리 열리면서
시들어 버린 꽃
모가지마저 댕강 부러져 나갔다.

시립병원 정신병동
행려자 병실
더 물러설 곳이 어디냐

이곳이 아닌 저곳에서
말라 버린 눈물 자루 삼아
밤마다 칼을 갈았다.
디자인실장입네 명함 하나 건지고
윤기 나는 새까만 차를 굴린다

꽃으로 우뚝 선 열아홉
꼭지가 똑 떨어져 곪아 버린 젊은 소망
지금은 또 물러설 곳이 어디냐
타다가
지쳐 타다가
열아홉이
새까만 차 되어 한숨처럼
굴러다닌다.

이정미

상처

마음에 은총이라는 선물을 달고 부웅붕
하늘을 떠다니던 유년 시절
아가! 세상 사람들은 한 귀염둥이를 그렇게 불렀다

육체에 병마의 벌레가 둥지 틀었던 십대
첫사랑의 고열로 온몸이 펄펄 끓었다
애야! 거울 속에 마주 앉은 소녀를 불러 보았다

이별과 시련이라는 총탄에 맞아 버린
한 마리 짐승은 철조망을 건너려다 뛰어넘지 못하고
배떼기를 걸친 채 검붉은 피를 철철 흘리고 있었다
가시내! 자학은 미끄럼보다 더 빨리 미끄러져 버렸다

홀로 선 외로움이 소매깃을 슬금슬금 파고들 때에
어디를 둘러봐도 나의 사람 간 곳 없고
차라리

아카시아 꽃잎들이 사방을 뒤덮어 버린
초여름 한 자락 배 밑에 깔고
굼벵이처럼 천 년 만 년 기어서라도
너에게 가고 싶다
나는 죽어도

이정미

킬리만자로의 표범

킬리만자로 산봉우리에 하얀 햇빛이 부서지는
산마루 정상
말라 붙은 표범 가죽 – 표범은 저 높은 곳에서
무엇을 찾으려 했을까?
보석처럼 빛나는 청남빛 해안
그리이스 여류 시인 사포는
왜 한 송이 흰 수선화로 사뿐히
물결따라 흘러 갔는가
불꽃 한가운데 시퍼런 불기둥
이사도라 던컨
왜 머플러는 자동차 바퀴에 휘말려 들어 갔을까?

지네처럼 딱 달라붙는 많은 발을
가지지도 못하였고
목욕탕 · 주방 · 베란다 벽에 신출귀몰하는
바퀴벌레의 왕성한 生命力도 아닌 바에야

조금 오르다 또로로로
굴러떨어지고 마는
하얀 굼벵이의 벽타는 공구르기의 덧없음
그 세월을 공구르고 있다
나는 너에게

이정미

하수동 빈터의 옥수수와 깻잎은 기억하는가

동교동에서 신촌으로
찻집 앞을 지나며
'프린스. 참 이뻐요.'
그렇게 이쁜 이름을 불러 본 적이 있는가.

셔츠 앞섶을 가볍게 날리며
하얀 고무신 신고 긴 팔을 내미는
악수의 신선함을 고이 간직한 적이 있는가

수만 개 초록 물방울들이 밤하늘 속을
가벼이 떨며 떠다니는 합정동 로타리의
7월을 살며시 손 놓아 본 적이 있는가

동숭동 가로등 현란한 불빛 속으로
축복의 날갯짓 은빛 새들이
수만 개 은빛 미립자로 떠다니던 가로등 아래서

발걸음이 자꾸만 기울어질까
저릿하던 허벅지와 장딴지를
부려 보지 못한 적이 있는가

"어디예요?" "멀리요." "제주도예요?" "아니요."
"그럼 지도상에 없는 데예요?"
아무렇지도 않은 이 말이
"순이야, 하얀 지도 위에 흰 눈이 펄펄 나린다."는
윤동주의 시구보다 더
가슴을 후벼 파 놓은 적이 있는가

그 목소리, 그 눈빛
하수동 빈터의 옥수수와 깻잎은 기억하는가
그 여름 돌무더기의 이야기들을

이정미

벌레처럼 기어서라도 너에게 가고 싶다

벌레처럼 꿈틀꿈틀 몸을 비틀며라도
너에게 가고 싶다.
등허리를 쇠꼬챙이에 찔려
옴짝달싹 못해도
너에게 가고 싶다.
눈구멍에 쇠파리가 알을 슬어서
찐득찐득 눈물과 범벅이 되어
앞을 가려도
너에게 가고 싶다.
더듬이를 잘리고 감각을 잃어
온 길을 다시 되돌아가는 한이 있어도
배 밑의 연한 살이 짓물러 터질지라도
몸뚱어리가 두동강 되어 핏물을 뚝뚝 흘리며
말라 비틀어져도
너에게로 가고 싶다.
나는 죽어도

이정미

창 너머 여름 햇살

여름 햇살은 창가 깊숙이 파고들어
탁자 중간 너머까지 뻗치고
길게 뻗쳤던 햇살이 점점 짧아져
창가로 오므라들었다가
이내
이파리 속으로 숨어 들어 가고
창가의 이파리는 저녁 바람을 받아
가볍게 흔들거리고
어둠이 살금살금 다가와
나뭇가지에서 담벼락으로
이어서 뜰로 살포시 내려앉고
마침내 저벅저벅 창문 너머 쿵
이렇게 또 하루를
너에게로.

이정미

꽃그늘

봄이 되면
스물서넛이 감당하기에는
너무 벅찼던
심장을 외로움의 구더기가 우우우 몰려와
헤집고 파먹던 그 끔찍한 꽃무더기 · 꽃그늘
이젠 더 이상 젊지 않아도 좋아요
그냥 그렇게 끄덕끄덕
세월의 손을 잡고 벚꽃 가지 하나
후두둑 훑어내리며
가만히 그 꽃을 밟아 볼래요

후기

먼저 이 지면을 빌어서 단국대학교 한문 전공 석사 논문에서 미지(未知)의 시인인 할아버지를 학계에 소개한 남상백(南尙佰)님께 감사의 말씀을 전한다. 알려진 시인도 아닌 할아버지의 303수 한시들을 다 섭렵한 후에 50여 수를 발췌하여 맛깔스런 한글 번역은 물론이고 주제 및 제재 별로 연구를 시도한 것은 1년 전 이 시집을 발간한 나의 선친이신 할아버지의 장남, 이춘재(李春宰)님도 미처 예상하지 못했던 일이었는지 모른다.

그러나 할아버지 이강희(李康熙)님이 20세를 전후하여 작시(作詩)한 작품들을 모아 한시집(『정가(精家)』 300여 수 수록, 이강식(李康植), 이강희(李康熙) 공저)을 형제 공동으로 간행하였고, 이강희(李康熙) 할아버지의 선친인 이기형(李基亨) 증조할아버지도 문하생이 많았던 한학자였으며 유작(遺作)으로 『금천시집(錦川詩集)』이 있다는 사실은 남상백(南尙佰)님의 본 연구를 통해 처음 알게 된 사실이다.

나는 3세대의 시집을 발간하면서 일종의 뿌듯함이 자리하고 있는데 증조부 이기형(李基亨)님의 『금천시집(錦川詩集)』이 내 곁에 있다면 4세대의 시집은 정말 희귀한 일로 기록에 남을지도 모른다는 아쉬움을 떨쳐내기가 쉽지 않다. 그렇지만 남상백(南尙佰)님의 연구로 말미암아 우리 집을 방문하실 때마다 "어미 집에 있니?"라고 물으셨던 말씀 이외에 이렇게 정감 어린 또 어려운 한시 세계를 지니고 계셨던 할아버지임을 알게 되어서 참 기쁘다.

세상이 아날로그에서 디지털로, 활자에서 영상으로 급속하게 바뀌고 있지만 디지털과 영상의 세계 또한 튼튼한 아날로그와 활자를 영양분으로 자랄 수밖에 없다. 왜 NHK와 CCTV의 공동다큐멘터리 영상물인 「실크로드」가 20여 년 동안 다큐 영상계의 금자탑을 쌓았는지를 생각해 볼 일이다. 기술적인 것은 영상의 뛰어난 힘을 빌었지만 내용적인 면에서는 아날로그 방식으로 몇 년에 걸쳐 그 시대 사람들의 여정을 따랐기 때문이라고 생각한다. 문명이 더 발달한다고 해도 사유와 감성을 지닌 미래의 인류 또한 아날로그와 디지털, 활자와 영상이 공존하는 세상을 살아가야 할 것이기 때문에 이들의 공존은 필연적이라 확신한다.

3세대의 시집 발간은 할아버지의 한시들을 그늘에서 햇빛으로 안내한 남상백(南尙佰)님과 함께 기쁨을 나누고 싶다. 남상백(南尙佰)님, 감사드립니다! 덧붙여 50여 수의 한시 중에서 한자 어구로 번역이 된 부분도 상당해서 그 부분은 한학자이면서 국문학자인 김재룡 교수님께 한글 번역을 부탁했음을 밝힌다. 결과적으로 절반은 남상백(南尙佰)님의 꼿꼿하고 운치 있는 한자 어구가 섞인 번역에, 나머지 절반은 김재룡님의 부드러운 한글 번역에 힘입어 독자들에게 다가설 수 있었음을 말씀드린다.

이강희-이춘재-이정미 三代의 시집

백 년을 걸어온 봉선화

초판인쇄 | 2013년 10월 25일
초판발행 | 2013년 10월 31일

엮은이 | 이정미
펴낸이 | 서정환

펴낸곳 | 신아출판사
등록 | 1984년 8월 17일 제28호
주소 | 전주시 완산구 공북1길 16(태평동)
전화 | 063)275-4000 팩스 | 063)274-3131
이메일 | sina321@hanmail.net

값 10,000원

ISBN 979-11-5605-018-6 03810

이 도서의 국립중앙도서관 출판시도서목록(CIP)은 서지정보유통지원시스템 홈페이지(http://seoji.nl.go.kr)와 국가자료공동목록시스템(http://www.nl.go.kr/kolisnet)에서 이용하실 수 있습니다.(CIP제어번호: CIP2013022169)